Pascale Perrier

Le Stage

oskar
éditeur

Chapitre 1

Le cœur battant, Clémence examine l'enveloppe siglée de Paris'com, LA MEILLEURE école de communication. L'endroit rêvé pour qui veut accéder à de hauts postes dans le domaine. Cette école truste tous les podiums ; les recruteurs ne jurent que par elle, les étudiants l'ont en ligne de mire, les parents en ont tous entendu dire grand bien.

La difficulté principale est de parvenir à l'intégrer : la sélection est rude, très rude.

Clémence va enfin savoir si elle est prise. Le jour où elle a appris qu'elle était admissible était déjà fabuleux. S'en est suivie une période de révisions intenses, d'angoisse et de stress. L'oral s'est plutôt bien passé, selon elle. Mais le nombre de places est limité, comment évaluer le niveau des autres candidats ?

Dans quelques secondes, elle va enfin être fixée sur son sort. Si une grosse enveloppe était arrivée dans la boîte aux lettres, elle aurait facilement imaginé le contenu, un courrier de félicitations, un dossier administratif à remplir et des documents d'information. Mais il s'agit d'une feuille légère. Pas très bon signe.

Le suspense a déjà été si long, pourquoi le faire durer encore ? Soigneusement, elle décachette l'enveloppe.

Comme elle s'y attendait, il n'y a qu'une seule page. Tremblante, Clémence relit la lettre plusieurs fois de suite.

Paris'com

Dossier candidat n° 15-A4521

Mademoiselle,

Suite à votre oral à Paris'com, nous sommes au regret de vous informer que vous êtes sur liste d'attente.

Néanmoins, votre profil intéresse le professeur M. Soumagne.

Vous êtes donc convoquée pour un stage d'intégration qui débutera le mercredi 27 août à 9 heures, salle 403. Veuillez noter que votre présence est requise en continu jusqu'au lundi 1er septembre.

Si vos résultats lors de cette session sont jugés satisfaisants, votre admission sera validée, et nous serons heureux de vous compter parmi nos étudiants de première année.

Veuillez agréer, Mademoiselle, l'expression de nos sentiments distingués.

Corinne Martins, secrétariat

Tout espoir est encore permis, mais jusque-là, elle n'a jamais entendu parler de ce stage. En quoi consiste-t-il exactement, et que doit-elle réviser ? Quelles sont ses chances d'intégration au final ?

Sans plus attendre, elle se rue sur son ordinateur et tente de trouver des réponses en ligne. Le moteur de recherche ne donne rien quand elle tape « Paris'com stage intégration », c'est donc sûrement une nouveauté. Loué soit ce professeur Soumagne qui l'a mis en place ! Qui est-il, d'ailleurs ?

Une recherche rapide lui permet de comprendre qu'il est une sommité dans le domaine. Multidiplômé, universitaire reconnu, il a de nombreuses publications à son actif. Ses détracteurs disent de lui qu'il est iconoclaste et que ses méthodes d'investigation sont contestables. À Paris'com, il enseigne la psychologie sociale. Clémence ignore en quoi consiste exactement cette matière au nom ronflant, mais elle va se débrouiller pour se procurer certains des livres de Soumagne, histoire de ne pas arriver sans préparation à ce fameux stage d'intégration.

Ensuite, elle envoie des textos à ses parents et à ses amis pour les avertir de la nouvelle. Bonne ou mauvaise, il est encore impossible de le savoir...

Paris'com

Maxime est dans son bain lorsque sa sœur lui crie à travers la porte : « Tu as reçu une lettre ! » Il s'agit sûrement d'une publicité ou d'un prospectus envoyé par les banques. Depuis le début de sa deuxième année de prépa, tous les établissements se disputent le bonheur d'ouvrir un compte à son nom. Ils veulent récupérer la future élite de la nation, comme disent ses profs. « Mets-la sur mon lit », grommelle-t-il avant de plonger la tête dans l'eau.

Il n'y jette même pas un regard quand il sort, tout propre. Pas le temps, il a rendez-vous avec Amandine, et ce genre de rendez-vous, ça ne se rate pas. Avec un peu de chance, elle daignera enfin l'embrasser, et plus si affinités. Pour l'instant, ses succès sont limités. Limités au néant, exactement.

Il est minuit passé quand Maxime rentre, score à zéro. Épuisé et déçu, il se laisse tomber sur son lit. Le bruit d'une feuille de papier qui se froisse lui rappelle quelque chose. Sa main trouve la lettre, qui s'est glissée sous ses fesses.

Ah oui, c'est vrai. Qu'est-ce qu'ils veulent encore lui proposer, cette fois ?

— Oh non, dit-il. Ce n'était pas une banque. Paris'com ! Elle n'aurait pas pu me dire que c'était important, l'idiote !

Sa petite sœur ne comprend décidément rien à rien.

Il a intérêt à être admis ; d'ailleurs, il a prétendu à Amandine que c'était dans la poche. D'un geste hâtif, il déchire l'enveloppe. À l'intérieur, un simple feuillet plié en trois.

Paris'com

Dossier candidat n° 15-A0849

Monsieur,

Suite à votre oral à Paris'com, nous sommes au regret de vous informer que vous êtes sur liste d'attente. Néanmoins, votre profil intéresse le professeur M. Soumagne.

Vous êtes donc convoqué pour un stage d'intégration qui débutera le mercredi 27 août à 9 heure, salle 403. Veuillez noter que votre présence est requise en continu jusqu'au lundi 1er septembre.

Si vos résultats lors de cette session sont jugés satisfaisants, votre admission sera validée, et nous serons heureux de vous compter parmi nos étudiants de première année.

Veuillez agréer, Monsieur, l'expression de nos sentiments distingués.

Corinne Martins, secrétariat.

— C'est quoi, cette arnaque ? marmonne-t-il. Ils veulent me coller un stage supplémentaire, et je ne suis même pas sûr d'être pris ? Non mais je rêve.

Soudain parfaitement bien réveillé, il s'assoit sur son lit et recommence sa lecture, en songeant à son frère aîné qui a intégré l'école du premier coup trois ans plus tôt, à Amandine qui va ricaner en apprenant son semi-échec, et à ses parents qui vont encore le sermonner parce qu'il n'a pas assez travaillé.

Le pire, c'est qu'il n'a pas d'alternative. Il aurait dû s'y mettre au moment des examens et des oraux, mais il n'arrivait pas à se concentrer. Amandine lui prenait tout son espace disponible de cerveau. Résultat, aucune école digne de ce nom ne l'a accepté ; il est bon pour redoubler sa deuxième année de prépa.

L'idée de ce stage d'intégration ne lui plaît qu'à moitié. Bachoter et faire le lèche-bottes, ce n'est pas son truc. Parce qu'il va falloir rentrer dans leur petit jeu, il voit ça d'avance.

Et Amandine qui ne veut toujours pas conclure. Décidément, rien ne va comme il faut. Pourtant, Maxime est beau, dans son genre. Des cheveux blonds un peu longs, qui descendent sur son front en cascade, un visage lisse et angélique (du moins, il l'était durant toute son enfance, on le lui a largement répété – ce n'est pas parce qu'on ne le lui dit plus depuis plusieurs années qu'il a changé). D'habitude, les filles craquent à son allure de beau gosse, d'autant que ses parents laissent suffisamment d'argent à sa disposition pour qu'il le claque de manière ostensible.

On dirait que la seule qui résiste, c'est celle qu'il veut – comme par hasard.

Paris'com

Allongé sur le sable chaud de la plage, Naïm écoute la musique diffusée par ses oreillettes. Enfin en vacances ! Par chance, le bled de sa famille est situé près de la mer. Quand il pense à ses copains perdus au fond de l'Atlas, dans un endroit où il n'y a rien à faire, et même pas de réseau...

Pour la première année pourtant, le temps passe lentement. Ses deux frères aînés sont restés en France travailler, si bien qu'il est un peu isolé, coincé entre ses petites sœurs et ses cousins marocains, avec lesquels les liens se sont distendus progressivement. Et puis il attend toujours certains résultats après les concours qu'il a passés. Actuellement, rien de positif, mais on ne sait jamais...

Soudain, son téléphone bipe, signalant un nouveau message.

Rachid : Salut p'tit frère. Tu as reçu une lettre de Paris'com. J'ouvre ?

Naïm aurait préféré en prendre connaissance seul, pour digérer la nouvelle avant de la diffuser dans la famille. Mais mille cinq cents kilomètres le séparent de la réponse de Paris'com.

Naïm : Oui. Dis-moi vite !

L'attente est insupportable. Naïm imagine son frère en train de retourner la lettre, de l'ouvrir, de la lire, d'exploser de joie ou de soupirer, avant d'écrire les quelques mots lapidaires qui décideront de son avenir. Enfin, le bip retentit.

Rachid : Tu es convoqué à un stage d'intégration le 27 août.

Naïm : Donc je suis reçu ?

Rachid : On n'en sait rien, ce sera en fonction des résultats à ton stage.

Naïm n'a jamais entendu parler de ce stage qui lui est proposé, mais la possible admission au prestigieux Paris'com est tellement inespérée qu'il danse de joie et court annoncer la bonne nouvelle – potentielle – à ses parents.

— C'est bien, mon fils, lui répond son père. Tu es un bon garçon.

— C'est l'école que tu voulais ? demande sa mère. Et ils acceptent les boursiers ? Alors je suis heureuse pour toi. Tu vas aller loin.

— Il n'y a qu'un seul problème, répond Naïm. Le stage d'intégration démarre le 27 août, et nous avions prévu de rentrer le 29... Il va falloir changer le billet.

Dans la famille, on fait les calculs, on vérifie le prix, et on finit par réserver un nouvel avion. Le petit est admis à une grande école, il faut faire des sacrifices ; d'ailleurs on fête déjà le héros.

— Je ne suis pas encore admis, répète Naïm.

Seulement sous réserve de réussite du stage d'intégration.

Mais les parents n'entendent pas la nuance. Ils clament partout que leur fils est un génie, qu'il va bénéficier des cours de la meilleure grande école de communication en France. Les nuits suivantes sont agitées, Naïm termine son séjour marocain avec une boule dans le ventre et des youyous dans les oreilles.

Chapitre 2

En ce 27 août, un air de vacances règne encore dans les rues désertes. Joyeuse et anxieuse à la fois, Clémence se dirige vers le grand bâtiment en verre et acier qui domine le quartier, Paris'com, fleuron de l'éducation à la française. Elle connaît tout de M. Soumagne, a appris par cœur plusieurs chapitres de son livre *Les Points forts de la pensée cognitive*. Maintenant, il ne reste plus qu'à transformer l'essai et à gagner sa place pour faire partie de l'équipe.

Le parvis est désert, manifestement peu d'étudiants ont été conviés au stage d'intégration, il est vrai que Clémence a près d'un quart d'heure d'avance. À l'entrée, le gardien l'accueille avec un signe de tête sans lui demander de décliner son identité.

Elle passe d'abord devant une cafétéria déserte, puis couloir, escalier, nouveau couloir, panneaux d'affichage indiquant la direction à prendre pour l'aile ouest, nouvel escalier, encore un couloir. Enfin, la salle 403 se trouve devant elle. Comme la porte est fermée, Clémence colle son oreille pour vérifier s'il y a du monde. Des éclats de voix lui parviennent.

Elle frappe.

Sur Internet, elle n'avait pas réussi à trouver la photo du professeur Soumagne. Si c'est lui, il est plus jeune qu'elle ne le pensait, brun, une barbe fournie, des lunettes sombres et un sourire éclatant.

— Excusez-moi, je suis Clémence Lefort... Euh, le stage d'intégration, c'est bien ici ?

Il acquiesce, sourit et invite la jeune fille à entrer. C'est une jolie brune intimidée, avec des cheveux qui se balancent autour de ses épaules. Soumagne se souvient de son dossier : elle y est décrite comme une élève studieuse et consciencieuse, endurante et pleine de vie.

— Clémence Lefort, répète le professeur en lissant sa barbe. Je suis heureux de vous rencontrer, mademoiselle. Prenez place, nous allons attendre les autres pour commencer. J'espère qu'ils ne seront pas en retard.

La salle est plutôt petite, équipée d'une trentaine de chaises, et autant de tables. Avec un sourire anxieux, elle s'assoit, ouvre son sac et prend son ordinateur. Tout va bien, il est chargé à bloc et devrait donc tenir la journée.

D'un pas sautillant, Soumagne s'approche et signale qu'on n'aura pas besoin de prendre des notes.

— Je n'ai que quelques mots à vous dire ici. Rapidement, nous passerons à côté, dans mon laboratoire, pour une collation bien méritée, et ensuite...

Il ne termine pas sa phrase, mais on pourrait presque croire, à son ton gourmand, qu'ensuite il y aura une surprise. Il se serait exprimé de la même manière s'il avait parlé à un enfant des cadeaux qui l'attendent sous le sapin.

On frappe. Un jeune de l'âge de Clémence entre d'un pas hésitant. Il est brun, très bronzé, et il porte un sac aux motifs bariolés. Peut-être l'a-t-il acheté cet été. Son allure très décontractée montre qu'il serait volontiers resté en vacances : des tongs, un tee-shirt « Sunny sunshine », une paire de lunettes de soleil sur les cheveux.

— Bonjour, dit-il, je suis Naïm Belhous.

— Oh formidable, répond Soumagne, je me souviens, c'est vous le Marocain issu des cités. Je vous attendais, installez-vous.

Naïm fronce les sourcils, gêné qu'on évoque cet aspect de sa vie devant quelqu'un d'autre. Il n'est pas que Marocain, et d'ailleurs il ne se définit pas par son origine. Avec un sourire à Clémence, il se coule sur la chaise à côté.

— Toi aussi, tu as droit à la session de rattrapage ? demande-t-il à voix basse. Je ne connaissais pas cette formule...

— Je crois que c'est nouveau, souffle-t-elle.

Ils se taisent car la porte s'ouvre, laissant entrer deux personnes, cette fois. Sans un mot, avec un regard circulaire, ils vont s'asseoir au troisième rang, en silence. Une minute plus tard, un autre jeune apparaît. Il n'a pas de sac et salue M. Soumagne d'un signe de tête.

— Bonjour, je m'appelle Vincent Richard.

Clémence se retient de répéter son nom à la façon des humoristes, « Bonjour Vincent », mais les autres restent silencieux, les yeux rivés sur leurs chaussures. Elle se contente donc de lui sourire.

Ces débuts d'année sont toujours figés dans une immobilité pesante, surtout lorsque l'enjeu est aussi important.

M. Soumagne s'éclaircit la voix et explique :

— Vous voilà réunis tous les cinq pour l'épreuve de la dernière chance. Je suis navré de vous l'annoncer, mais vos dossiers de candidature allaient passer à la poubelle. Je me suis dit que c'était dommage, vos profils m'intéressent. J'ai réussi à convaincre mes collègues de vous sauver. Votre admission ne dépend que de vous, de votre motivation et de la manière dont vous accepterez de jouer le jeu. Nous allons vivre des journées intenses, et j'attends une totale adhésion au principe que je... Oui jeune homme, vous avez une question ? Vous pouvez me rappeler votre nom ?

— Euh, je suis Maxime Devairs. Je voudrais savoir si notre présence est requise ce week-end aussi. Mes grands-parents fêtent leurs noces d'or et, euh...

Le regard de Soumagne se durcit.

— Je viens de vous le dire, votre admission ne dépend que de vous. Remplissez l'objectif rapidement, et vous serez libre. Je ne peux rien vous offrir de plus...

Maxime hoche la tête, guère plus avancé. L'argument des noces d'or vient d'être improvisé ; en réalité pour la première fois son amie Amandine lui propose un week-end dans sa maison de campagne en Normandie. Il ne manquerait cette occasion pour rien au monde. S'il faut renoncer à son admission à Paris'com, il renoncera. En fait, non, pas forcément, étant donné qu'Amandine est persuadée qu'il est déjà accepté. C'est ce qu'il a laissé entendre à tout le monde. D'ailleurs, ce n'est qu'un demi-mensonge, l'affaire de quelques jours de travail.

Le prof donne deux ou trois détails, vérifie que chacun est majeur, s'étend sur son domaine de prédilection – la dynamique des groupes contraints – et demande de signer un papier l'autorisant à utiliser leur image à des fins scientifiques. Puis, il invite la petite assemblée à passer dans son laboratoire pour une collation.

La pièce est très chargée, encombrée de dossiers, de bric-à-brac. Une caméra est posée sur pied, un écran occupe tout un pan de mur. Plusieurs affiches, d'une écriture de patte de mouche, ont été placardées sur les espaces restants.

Sur une table, des verres sont déjà remplis de jus d'orange, une corbeille de viennoiseries est installée. Pour des étudiants qui ont raté le concours d'admission, ils sont plutôt bien accueillis.

Clémence se positionne devant le buffet. Les croissants lui font très envie, mais elle n'ose pas se servir la première. Heureusement, Soumagne donne un verre à chacun.

— N'hésitez pas à manger autant que vous voulez, dit-il avec un petit rire cristallin. Ce serait dommage de laisser perdre cette bonne nourriture, qui est meilleure fraîche... Désolé, je ne peux pas vous accompagner, mes intestins sont capricieux.

Un garçon prend place à côté de Clémence, Vincent si ses souvenirs sont bons. Son allure décontractée et son visage franc lui plaisent bien. Des lunettes à large monture, incrustées de petits cristaux métalliques, lui mangent une partie du visage, mais il garde sa bonhomie et son aspect sympathique.

— Je crois qu'on peut commencer, s'exclame-t-il d'un ton gourmand. Tu m'accompagnes ? Toi, c'est Clémence, si j'ai bien compris ?

Il croque dans un croissant et signale, par une mimique expressive, que celui-ci est délicieux. Les mains se tendent, les bouches se remplissent.

On trinque au jus d'orange, faute de mieux.

Avec un peu de chance, cette fin de semaine se déroulera sous les meilleurs auspices, couronnée de succès.

Mais il fait vraiment chaud tout d'un coup. Est-ce qu'on pourrait ouvrir la fe... la fenê...tr... ?

La vue de Clémence se brouille, elle se sent partir, essaie de se rattraper à une chaise ; tout devient flou autour d'elle, des gouttes de transpiration glissent le long de son dos.

Et c'est le trou noir.

Chapitre 3

Un courant d'air, un frisson. Clémence se réveille avec l'impression qu'un marteau lui cogne la tête. Où est-elle ? Pourquoi est-elle vêtue uniquement d'un tee-shirt et d'un minuscule short blanc, et qui sont ces jeunes à côté ?

Les souvenirs reviennent lentement, cette migraine tenace l'empêche d'être efficace. Est-ce qu'il s'agirait d'une gueule de bois carabinée après une fête d'enfer ? Ce n'est pas son genre de se laisser aller sur l'alcool. Alors que s'est-il passé ?

Et quelle heure est-il ? Clémence voudrait jeter un coup d'œil à son poignet, mais il faudrait lever le bras, ce geste est si difficile. Elle tâte l'endroit habituel. Sa montre n'est pas là.

Vérification. Non, vraiment pas là. Cette fois, c'est grave, elle ne la quitte jamais. On la lui a sûrement volée. Oui c'est ça, elle a dû être agressée, et on lui a enlevé tout ce qui était précieux, jusqu'à ses vêtements.

Lentement, très lentement, la mémoire revient. Elle se revoit dans le métro juste avant le début du stage d'intégration. Elle se rappelle le discours de Soumagne, ses petits ricanements, sa manière de lisser sa barbe comme s'il était plongé dans une réflexion intense. Elle se souvient aussi de la collation. La suite est floue.

Est-ce que le stage est terminé, est-ce qu'elle a réussi l'épreuve ? Impossible d'en être sûre ; le pire serait d'avoir eu cet accident avant de finir le séminaire ; être portée absente et ne même pas se le rappeler.

C'est alors qu'à côté d'elle un autre grognement se fait entendre.

— Qu'est-ce qui m'arrive ? gémit une voix de garçon. J'ai mal...

Clémence essaie de tourner la tête, mais c'est douloureux, si douloureux. Elle parvient néanmoins à reconnaître l'étudiant. Vincent. Avec un débit très lent, elle articule :

— Je crois qu'on a été agressés. Mais je n'arrive plus à me souvenir des circonstances.

Il ne doit pas être en meilleur état qu'elle, étant donné qu'il répond d'une voix pâteuse :

— Moi non plus... Il y avait ce stage d'intégration. Peut-être qu'on m'a tabassé dans le train en y allant.

— Je ne crois pas, explique Clémence. Tu étais avec moi, je me souviens que nous nous sommes parlés au début de la réunion. On est allés dans le labo de Soumagne, et...

— Oui, ça me revient. On a pris un pot. Mais après, qu'est-ce qu'il s'est passé ?

Le silence seul lui répond. Ce qui s'est passé après, c'est le trou noir pour tous les deux.

Paris'com

Un quart d'heure plus tard, ils ont réussi à s'asseoir. La migraine devient supportable. Ils sont cinq, les cinq étudiants semi-recalés présents au rendez-vous salle 403. Chacun est en sous-vêtements, avec un tee-shirt blanc estampillé *Paris'com*.

Petit à petit, la conclusion s'impose : ils ont avalé un truc pas clair qui leur a fait perdre contact avec la réalité.

Reste à savoir pourquoi et comment.

— C'est peut-être un genre de bizutage, observe Léa.

C'est une grande fille blonde, dont le visage est toujours éblouissant malgré ce qui est arrivé. Ses bras entourent de fines jambes bronzées. Même en short minuscule, avec un tee-shirt informe, elle est splendide. Clémence, à côté, n'ose pas imaginer quelle allure catastrophique elle doit avoir.

— Un bizutage ? s'étonne Naïm. Mais nous ne sommes même pas encore admis, pourquoi nous bizuterait-on déjà ?

Une nouvelle idée survient : ils ont peut-être été drogués par d'autres étudiants qui, comme eux, devaient suivre le stage d'intégration. En exilant leurs rivaux au bout du monde, ceux-ci sont sûrs de gagner leur place.

— Oui, concède Maxime, c'est l'hypothèse la plus probable. Si ceux qui restent sont deux fois moins nombreux au stage, ils sont presque sûrs d'être admis... en admettant que le quota de places soit fixé à l'avance.

Les esprits s'échauffent, les hypothèses fusent, mais ne mènent à rien de bien constructif.

Clémence a maintenant envie de bouger, savoir où elle est, et trouver un moyen pour sortir de là. Ses membres sont engourdis, ses jambes aussi résistantes que du coton, mais elle s'obstine à tenir debout. Ce serait ridicule de rester assise plus longtemps.

Ils se trouvent dans une clairière entourée d'arbres ; quelques feuilles jaunies jonchent déjà le sol. L'air est doux, le ciel d'un bleu sans taches. Quelle heure peut-il bien être ? Combien de temps a passé depuis la fameuse collation ? Il est difficile de le savoir, le soleil est encore haut.

Où est cette forêt ? Et comment vont-ils sortir de là ?

Avec un peu de chance, Soumagne se montrera clément quand il saura ce qui leur est arrivé ; peut-être même exclura-t-il d'emblée les étudiants indélicats.

Des arbres, des arbres, et encore des arbres. Comment sortir de cet enfer ? Il faudrait grimper en hauteur, espérer distinguer un village, et suivre une direction. Mais en sous-vêtements ou tout comme, ils n'iront pas bien loin, et dès lors qu'ils auront retrouvé la civilisation, ils devront trouver des nouveaux habits !

À l'autre bout de la clairière, Clémence aperçoit soudain des objets colorés.

— Eh, regardez là-bas ! s'exclame-t-elle.

Vincent, qui est resté assis, tourne la tête, se lève aussitôt, et se dirige vers l'endroit indiqué, la démarche encore hésitante. Clémence le suit. Les autres ne bougent pas, se contentant de dire :

— Vous nous direz ce que c'est !

Tous deux marchent l'un à côté de l'autre, vaguement inquiets. Les voilà tout près.

Des sacs à dos. Ils sont tous de la même taille, mais chacun a une couleur différente : il y a un rouge, un vert, un bleu, un jaune et un marron.

— Un pour chacun, murmure Clémence. Je n'y comprends rien, décidément... Tu crois qu'on peut les ouvrir ?

— Ça m'étonnerait qu'ils contiennent une bombe, répond Vincent d'un ton mal assuré.

Il se penche et en attrape un. D'un mouvement sec, il dézippe la fermeture Éclair. Le contenu tombe à terre.

Un sac de couchage.

Une barre chocolatée.

Une feuille de papier.

Un billet de dix euros.

Une petite bouteille d'eau.

Et une lettre.

Paris'com

Bonjour,

Votre stage d'intégration a démarré. La mission est simple : je vous demande juste d'être présent au plus tard lundi 1er septembre à Paris'com. Je vous attends dans mon laboratoire. Si vous n'êtes pas arrivés, je considérerai que vous avez échoué. Si vous êtes là, vous gagnerez des points qui devraient permettre votre intégration.

Si vous arrivez tous ensemble, chacun de vous obtiendra 30 points. En revanche, si vous arrivez séparément, chacun de vous n'en obtiendra que 15. Pour maintenir un peu de suspense et vous inciter à vous organiser collectivement, je garde secret le nombre de points qui vous manque pour être reçus. Sachez juste que personne n'a besoin de plus de 30 points.

D'ici là, débrouillez-vous comme vous voulez. Je vous demande juste de respecter quelques règles. Les enfreindre serait rédhibitoire.

– Vous n'avez pas le droit d'utiliser un moyen de transport payant ;

– Vous ne devez pas non plus utiliser un quelconque appareil de télécommunication (téléphone, ordinateur, GPS, tablette...).

Bon courage et rendez-vous lundi prochain au plus tard.

J. Soumagne

P.-S. Vous êtes sous ma responsabilité, prière de revenir intacts !

Ahurie, Clémence dévisage Vincent, dont le me à bout de nerfs.

— Ce prof est fou. Complètement fou. J'avais lu qu'il employait parfois des méthodes pédagogiques contestables, mais là...

— Soumagne enseigne la sociologie de l'action et de la communication, dit Clémence. Rien à voir avec la survie en forêt. Je me demande pourquoi il nous soumet à cette épreuve. Peut-être pour analyser nos réactions et voir comment nous nous en sortons...

Lentement, ils retournent près des autres et leur lisent la lettre.

— Une chose est sûre, dit Maxime : nous ne devons pas nous séparer. C'est la meilleure manière d'assurer un maximum de points. Vous êtes d'accord pour rester ensemble jusqu'au bout, quoi qu'il arrive ? Et on va essayer de se dépêcher, il faut que je sois rentré chez moi ce week-end, d'accord ?

Tous acquiescent en silence. On dirait que la nouvelle leur a fait perdre la langue. Un pacte les lie les uns aux autres – drôle de pacte inhabituel.

Ce prof est fou.

Chapitre 4

Les cinq étudiants sont en cercle, un sac à dos devant eux.

— Tout dépend de l'endroit où nous nous trouvons, analyse Maxime. Si nous sommes en région parisienne, le retour devrait être faisable. Si on nous a abandonnés plus loin, en revanche...

Paris'com est située au cœur de la capitale. Depuis Fontainebleau ou Rambouillet, il y a environ cinquante kilomètres, soit pas loin de deux journées de marche. Clémence passe en revue les chaussures des uns et des autres. Elle est en sandalettes, Naïm en tongs (franchement, quelle idée !), Léa en nu-pieds à talons compensés. Heureusement, Maxime et Vincent sont chaussés de baskets confortables. Mais tous seront-ils capables de marcher plusieurs dizaines de kilomètres ?

— Nous sommes mercredi après-midi, j'imagine, continue Vincent. On a le temps, même si la distance est assez longue.

— Tu as vu comment nous sommes habillés ! gémit Léa. On va se faire remarquer tout de suite...

— Ce serait une bonne solution, plaisante Maxime. On se ferait ramener en voiture par les flics. Impeccable !

Les autres se regardent, consternés.

— Ého, je rigole ! Oh là, vous n'avez aucun humour.

Aucun, non, à en croire les regards affligés qui s'échangent. Maxime ne peut pas le savoir, mais Vincent a un contentieux avec la police. Il y a trois ans, alors qu'il avait dix-sept ans, il a été arrêté et mis à l'épreuve. L'affaire est ancienne, mais reste amère pour le garçon qui déteste désormais tout ce qui porte un uniforme.

— Bon, dit Clémence, il faut qu'on bouge. On ne va pas rester des heures à pleurnicher.

Elle se lève, attrape son sac et semble attendre que les autres suivent le mouvement.

— Et on va où ? demande Maxime, le ton ironique mais le sourcil froncé.

— Je n'en sais rien, il faut sortir de cette forêt. J'imagine qu'elle n'est pas si grande que ça, on devrait réussir !

À son tour, Vincent se redresse et regarde autour de lui, à la recherche d'un indice.

— On va essayer de suivre toujours la même direction pour ne pas tourner en rond... Si vous voulez, je grimpe à cet arbre, il est haut, et je verrai peut-être un village ou une route.

La montée est lente et délicate, d'abord parce que les branches les plus résistantes sont éloignées les unes des autres, mais aussi parce que Vincent est vêtu d'un simple tee-shirt et risque de se blesser à chaque instant.

— Alors, par où on va ? demande la belle Léa en chargeant le sac marron sur son dos.

Elle attend les instructions, confiante. Il ne lui viendrait pas à l'idée de choisir elle-même l'itinéraire. Simplement elle considère ses nu-pieds avec inquiétude en murmurant :

— J'espère qu'on ne devra pas marcher trop longtemps !

Vincent reste un long moment en hauteur, si bien que les autres se lassent de regarder en l'air. Enfin, il redescend, soucieux.

— Je crois qu'il vaut mieux suivre le soleil. On ira vers l'ouest, valeur sûre.

Il réajuste ses lunettes et passe un coup sur ses jambes égratignées. Maxime soupire :

— En espérant que la portion de forêt n'est pas la plus longue dans cette direction !

— Si tu as une meilleure idée, répond Vincent, n'hésite pas à nous en faire part... On est un groupe ; on doit prendre les décisions en commun.

— Ého j'ai bien le droit de parler, quand même ! proteste Maxime. Si on commence déjà à se disputer, c'est prometteur. (Il hausse les épaules, embarque son sac sur son dos et grince des dents.) Il est où, ton soleil ?

Personne ne lui répond ; la grosse boule est facilement perceptible à travers les feuillages.

En silence, la troupe se met en route. En tête, Maxime brave les fougères et fonce droit devant lui, face au soleil. Derrière trottine Léa, son sac marron qui tressaute à chaque mouvement, ses nu-pieds à talons compensés et ses soupirs.

— Dis, lui demande-t-elle, tu étais où en prépa ?

— À Henri-IV. Pourquoi ?

— Parce que j'ai des copines là-bas, j'y suis allée plusieurs fois, et il me semble te reconnaître. Tu connais Amandine ?

Il s'arrête, soudain intéressé.

— Oui, même très bien. Toi aussi ?

— On était ensemble au lycée. Depuis, on est restées amies, y compris sur Facebook.

Heureux d'avoir trouvé un point commun, ils évoquent le bon vieux temps. Le lycée Henri-IV est le centre du monde, ils vont bientôt retrouver leurs copains de promotion, ce stupide stage d'intégration ne sera qu'un mauvais souvenir.

Quelques mètres derrière, l'avancée se fait plus silencieuse. Perdu dans ses songes, Vincent émet cinquante hypothèses en se demandant comment cette histoire va se terminer. Clémence et Naïm marchent lentement, se signalent l'un à l'autre les racines ou les obstacles qui pourraient les faire trébucher. Ils sont trop anxieux pour aborder le seul sujet qui les intéresse : quelles chances ont-ils de sortir vainqueurs de cette curieuse épreuve ?

Au bout d'un quart d'heure de marche environ, la tête du groupe s'arrête.

— J'ai soif, se plaint Léa. Attendez une seconde.

Elle sort sa bouteille et avale d'un trait le demi-litre qu'elle contient.

— Tu es folle de tout boire maintenant ! s'exclame Naïm. On ne sait pas combien de temps on va rester dans cette forêt... Ne compte pas sur moi pour te donner une partie de mon eau.

— T'inquiète, répond-elle, enfin désaltérée. Je me débrouillerai... Mais je vois que la solidarité règne, c'est plaisant !

— Attends, on a tous la même quantité au départ, je ne vois pas pourquoi on devrait partager ! rétorque Naïm.

Il ouvre aussi sa bouteille, mais n'en boit que quelques gorgées. Les autres se contentent de s'éponger le front avec leurs mains. Bien qu'ils soient à l'ombre des arbres, la chaleur est éprouvante.

— Vous croyez qu'on en a encore pour longtemps ? s'inquiète Léa. Je n'arrête pas de me tordre la cheville. Ces chaussures ne sont pas adaptées à la marche en forêt !

Cette fois, c'est Naïm qui propose de grimper à la cime d'un arbre. Il choisit un chêne et s'élance, agile. Alors qu'il a déjà monté une dizaine de mètres, on entend un cri strident suivi d'un bruit de chute.

— Ça va ? s'inquiète Clémence. Tu n'as rien ?

Seul le silence leur répond.

Chapitre 5

— Je vais voir, décide Maxime.

Il pose son sac bleu à côté du sac rouge de Naïm et se prépare à grimper. Mais il est bloqué dès la première branche, et demande à voix haute quel est le bon chemin.

— Prends sur la droite, je crois qu'il est passé par là ! conseille Léa.

— Non, c'est impossible ! Je serais obligé de sauter... Je ne suis pas un chat.

Vincent et Clémence se dévisagent, navrés, tandis que Maxime redescend et s'époussette.

— Naïm, ça va ? crie-t-elle. Tu n'as rien ?

Cette fois, on entend un faible :

— J'ai raté une branche et je suis tombé deux mètres plus bas... Une seconde, j'arrive !

Il s'est éraflé la cuisse, qui saigne abondamment, constatent-ils une fois qu'il est en bas.

— Ne vous inquiétez pas, j'en ai vu d'autres ! s'exclame Naïm. C'est juste que monter en tongs, c'est LA super mauvaise idée à éviter.

Il ricane nerveusement en épongeant avec sa main le sang qui coule. Faute de mieux, il utilise son sac à dos pour s'essuyer.

— Bon, la forêt a l'air d'être super grande, mais j'ai cru apercevoir une route, par là-bas.

Il montre la direction opposée à celle qu'ils suivaient. Maxime s'exclame :

— Oh non, c'est pas vrai... Tu es sûr de toi ?

Naïm hausse les épaules ; sa cuisse saigne encore abondamment.

— Si tu crois que ça m'amuse, grogne-t-il.

— Tu veux dire qu'on doit faire demi-tour ? s'inquiète Léa d'une voix aiguë.

— Je crois qu'on a intérêt à continuer dans la même direction, dit Vincent. Tant qu'on est aveuglés par le soleil, on est sûr d'aller vers l'ouest. Retourner d'où on vient, c'est plus aventureux, on ne sera jamais sûrs de ne pas tourner en rond. Quand j'étais petit, je me suis perdu en forêt avec mes parents. On a mis super longtemps avant de trouver une route. Franchement, je ne le conseille à personne... Si vous voulez, je remonte en haut du chêne, étant donné que Naïm n'est pas sûr de lui.

Il a beau grimper le plus haut possible, malgré les cris d'inquiétude des quatre autres, il n'aperçoit pas l'ombre d'une route ; peut-être une plaque de lumière qui brille au soleil, mais c'est tout.

— Une plaque de lumière ! soupire Maxime. Ça pourrait être n'importe quoi, ta plaque de lumière. Une flaque d'eau, un tesson de bouteille...

Quelle est la meilleure attitude ? Comment savoir ? Ils s'interrogent plusieurs minutes, et rapidement deux groupes se forment : Maxime et Léa pensent qu'il vaut mieux repartir en sens inverse ; les trois autres sont adeptes de continuer leur chemin. L'agressivité devient manifeste.

— Bon, je vous propose qu'on obéisse à la majorité, dit finalement Clémence.

— Ça t'arrange bien ! s'exclame Léa.

Mais elle se lève et prend son sac à dos, acceptant la décision. Sans un mot, Maxime suit aussi le mouvement. Ils continueront donc à marcher vers l'ouest.

La blessure de Naïm coule encore, si bien qu'il est obligé de s'essuyer sans cesse. Son sac à dos est maintenant maculé.

— Tu ne souffres pas trop ? s'inquiète Clémence.

Il a surtout du mal à marcher avec ses tongs, qui se sont abîmées dans la chute. Toutes les trois minutes, il doit remettre la lanière en place.

— Dire qu'on ne sait même pas où on est ! maugrée-t-il. Vous verrez, une fois qu'on aura trouvé un village, on s'apercevra qu'il nous reste deux cents kilomètres avant d'atteindre Paris.

Le découragement le saisit ; il s'arrête, cherche dans son sac et avale le chocolat puis, comme il lui donne soif, la moitié de sa bouteille d'eau. Léa l'imite et termine sa barre en deux secondes. Elle n'ose pas quémander à boire, mais on sent qu'elle aimerait bien.

Clémence comprend à cet instant qu'ils ne pourront pas marcher encore très longtemps. Les uns et les autres utilisent leurs maigres réserves à tort et à travers. Les disputes sont déjà latentes. Pourvu qu'ils aboutissent quelque part sans tarder...

Malheureusement, la forêt est interminable. Pire, alors que c'était plat, ils se trouvent maintenant face à une colline, qu'il va falloir grimper puis redescendre. Depuis combien de temps marchent-ils ? Le soleil, qui était presque au zénith quand ils sont partis, a nettement baissé. À en croire les mollets tendus, ils ont marché plusieurs heures... Le seul avantage, c'est que la chaleur est moins forte. Pour le reste, l'angoisse est toujours plus palpable.

Nouvelle pause boisson. Vincent s'éloigne, prétextant une envie pressante. Quand il revient, Clémence remarque son air désorienté. Les sourcils froncés, il fouille dans son sac avec une telle brutalité qu'elle dit :

— Tu as besoin d'aide ? Tu veux ma bouteille ?

— Non, répond-il sans desserrer les lèvres.

En retenant le sac par sa poche, il jette le contenu par terre. Mais au moment d'attraper l'eau, surprise : en plus de ce à quoi il s'attendait, il y a aussi un morceau de papier roulé en

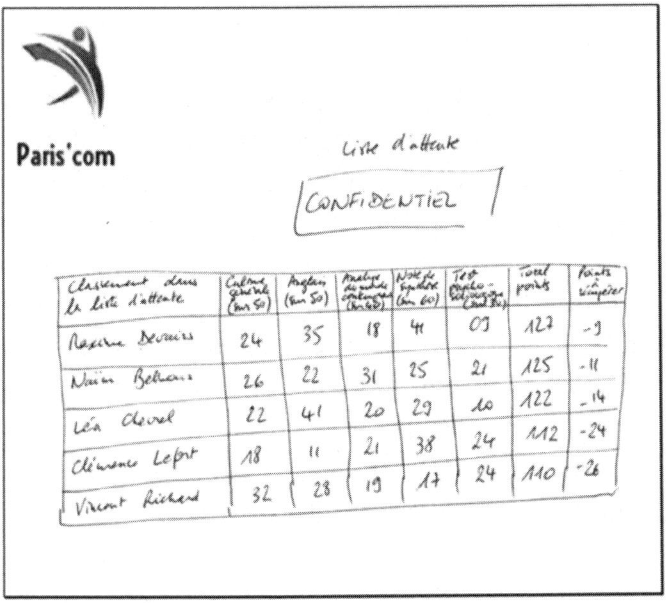

Paris'com

Liste d'attente

CONFIDENTIEL

Classement dans la liste d'attente	Culture générale (sur 50)	Anglais (sur 50)	Analyse de [illegible] (sur 60)	Note de synthèse (sur 60)	Test psycho-technique (sur [illegible])	Total points	Points à récupérer
[illegible]	24	35	18	41	09	127	-9
[illegible]	26	22	31	25	21	125	-11
Léa [illegible]	22	41	20	29	10	122	-14
Clémence Lefort	18	11	21	38	24	112	-24
Vincent Richard	32	28	19	17	24	110	-26

boule. Avec une exclamation d'étonnement, il le défroisse et lit. C'est une feuille à l'en-tête de Paris'com, mais avec des annotations manuscrites, d'une écriture de pattes de mouche.

Médusé, Vincent examine la feuille en cherchant à comprendre ce que cette liste fait là.

— Ça alors, intervient Maxime en la lui arrachant des mains, qu'est-ce que c'est que ce truc ? On dirait l'écriture de Soumagne.

Manifestement, le papier a atterri dans le sac de Vincent par erreur. Le professeur l'aura laissé échapper sans s'en apercevoir, puisqu'il est spécifié que les chiffres devaient rester confidentiels.

Une minute plus tard, tous les cinq sont regroupés autour de la liste d'attente et essaient de décrypter les éléments donnés.

Clémence blêmit. Sur le papier, il est écrit que son total de points est de 112. Il lui en manque 24 par rapport au dernier reçu. Quant aux notes… 18/50 en culture générale (beurk), 11/50 en anglais (seulement ! Elle était persuadée d'avoir mieux réussi que ça), 21/40 en analyse du monde contemporain (pas si mal), 38/60 en note de synthèse (correct) et 24/30 pour le test psycho-sociologique (tout simplement génial, mais ça ne suffit pas).

Ce qui signifie qu'elle n'a pas le choix : la cohésion de groupe doit être maintenue coûte que coûte, sans quoi elle n'intégrera pas Paris'com. En revanche, Maxime, Naïm et Léa n'ont pas la même nécessité.

— Bon, dit Naïm après un long temps de silence. Finalement, ça ne change pas grand-chose. On doit quand même aller à Paris.

— Dites, le pacte continue, hein ! réplique Clémence dans un gémissement. Ne nous laissez pas tomber, Vincent et moi !

Le regard des deux derniers se croise. Ils ont une nouvelle mission : sauvegarder le groupe et empêcher une séparation. Comme si cet objectif commun les unissait, ils se rapprochent l'un de l'autre pour continuer la marche.

— C'est quand même dingue que Soumagne ait laissé filtrer ce document, souligne Clémence. Je crains que le groupe soit différent, maintenant.

Devant eux, Maxime et Léa, en tête, éclatent de rire bruyamment. On a l'impression qu'ils se sont détendus depuis que les résultats de la liste d'attente ont été trouvés. Globalement, ce sont eux qui s'en sortent le mieux.

— Ne t'inquiète pas, on y arrivera, assure Vincent.

Mais ses poings sont serrés et ses yeux brillent.

Le crépuscule tombe sur les arbres quand ils parviennent enfin à une chaussée goudronnée. C'est une petite route de campagne, sans aucun marquage au sol, sur laquelle visiblement il ne passe pas grand monde. Il n'y a aucune borne kilométrique qui pourrait leur permettre de se localiser. Prêts à embrasser le bitume, ils entament une « danse de la route », comme l'intitule Vincent qui se prosterne et chantonne un refrain improvisé. Pour fêter la bonne nouvelle, ils s'offrent un festin – disons plutôt que Clémence et Vincent boivent la moitié de leur bouteille, tandis que les autres les regardent avec envie.

— Bon, fait finalement Maxime, on va de quel côté ?

Les garçons n'ont pas d'avis sur la question, les filles se mettent d'accord sur la gauche qui, du moins en a-t-on l'impression, débouche plus vite sur la fin de la forêt.

Le quart d'heure qui suit est joyeux. Tous se sentent enfin tirés d'affaire et comparent gaiement leur prépa, leurs styles de vie, leur enthousiasme. Maxime et Léa sont parisiens, et qu'ils soient admis ou non ne changera rien à la question du logement. Vincent signale que son frère habite à Paris, et qu'il l'hébergera en cas de réussite. En revanche, Clémence est originaire de La Rochelle, et Naïm de Dreux. Pour eux, une admission entraîne une série de choix, par ricochet : déménagement, location d'un studio...

— Bon courage, diagnostique Maxime. À cette époque, ce n'est pas facile à trouver. Si vous voulez, je me renseignerai auprès de la concierge de mon immeuble. De temps à autre, une chambre de bonne se libère.

— Merci, ce serait super, répond Clémence.

La conversation file, joyeuse, pendant un moment. Mais lorsque la nuit tombe vraiment, l'inquiétude recommence à poindre.

Heureusement un bruit de moteur se fait entendre.

— On bloque la route pour le forcer à s'arrêter ! ordonne Maxime.

Le véhicule arrive face à eux ; ils en aperçoivent d'abord les phares, qui projettent une lumière blafarde. Par de grands signes – faute d'occuper la chaussée, ce qui serait très risqué – ils montrent qu'ils ont besoin d'aide.

Le conducteur ralentit, examine les cinq jeunes en petite tenue qui crient « À l'aide », « Arrêtez-vous » et accélère brusquement.

Ils viennent de perdre leur seule chance de dormir à l'abri.

Chapitre 6

Immobile, suivant la voiture des yeux bien après que ses phares ont disparu, Léa pose son sac et se cache le visage dans les mains.

— Je n'en peux plus ! gémit-elle. J'en ai assez. Cette plaisanterie a trop duré. Je croyais que le duvet, c'était pour nous faire peur... Comment on va s'en sortir ? Vous êtes sûrs que vous n'avez pas de téléphone caché dans votre caleçon ? On pourrait appeler à l'aide ; je ne sais pas, demander à une compagnie de taxis de venir.

— De toute façon, nous n'avons pas le droit d'utiliser un téléphone, et pas le droit de prendre un moyen de transport payant, murmure Vincent.

— Et comment le saurait-il, ce pervers de

Soumagne ? s'insurge Maxime. Il suffirait de lui dire que quelqu'un nous a pris en stop, et l'affaire serait jouée.

— Quoi qu'il en soit, on n'a rien, soupire Clémence. Je crois qu'il vaut mieux nous arrêter, maintenant. On devrait dormir quelques heures. La nuit s'épaissit, bientôt on n'y verra plus rien.

Ils s'éloignent de quelques mètres de la route, légèrement en contrebas de celle-ci. L'installation est vite faite : ils n'ont pas d'allumettes, et ni la dextérité ni l'habitude des hommes de Cro-Magnon pour frotter des silex et faire un feu. Maxime s'adosse contre un arbre, aussitôt suivi par Léa, qui se lance dans une exploration de l'état de ses pieds. Les trois autres restent sur place.

—Vous croyez qu'il va faire froid, cette nuit ? s'inquiète Clémence.

— Non, mais on devrait peut-être s'abriter sous une cabane de fortune... On essaie de rassembler des fougères et on s'allongera dessous ?

— Pas très utile contre un ours, ironise Naïm. Mais avec un peu de chance, nous ne sommes pas dans les Pyrénées, ni au Québec.

Clémence, qui s'escrimait sur une fougère pour l'arracher, a un mouvement de recul : au Québec ? Elle n'a pas imaginé qu'ils puissent se trouver hors de France. Cette forêt ressemble tellement aux forêts françaises… Et si c'était le cas, comment prendraient-ils l'avion, comment traverseraient-ils l'Atlantique ?

— Je plaisantais, ça m'étonnerait que Soumagne ait poussé le vice jusqu'à nous exiler.

Si seulement il y avait un moyen d'en être sûr...

— La voiture était immatriculée en France, non ? Je n'ai pas fait attention à ce détail, mais je pense qu'une plaque étrangère m'aurait sauté à l'œil.

Personne n'est capable de confirmer. Ils étaient dans un tel état d'excitation quand le véhicule a refusé de s'arrêter...

Au bout d'un quart d'heure, ils ont atteint leur objectif : trois ou quatre branches sont positionnées verticalement, en tipi, les parois étant formées par des fougères. L'installation est sommaire et spartiate, mais suffit à apporter un semblant de protection. Au grand étonnement des autres, Maxime et Léa annoncent qu'ils dormiront un peu plus loin ; ils ont trouvé un tapis de mousse qui paraît très confortable.

En rond, tous les cinq dégustent ce qui leur reste de chocolat et d'eau – en espérant que le lendemain, ils auront retrouvé une source et la civilisation et pourront utiliser les billets de dix euros. La nuit est noire désormais, sans la moindre lune pour les éclairer. Puis l'opération « couchage » commence. À tâtons, ils ouvrent leur sac, y récupèrent leur duvet et s'allongent, serrés les uns contre les autres. Vincent s'installe au milieu. Maintenant que le corps est au repos, ils éprouvent la nécessité de parler – en chuchotant, comme s'il s'agissait de ne pas déranger la forêt.

— Pff... C'est la nouvelle lune... Soumagne a peut-être fait exprès de choisir cette date pour que ce soit encore plus difficile à cause du noir, suggère Clémence.

— Je ne comprends pas bien le sens de cette épreuve, s'étonne Naïm. En quoi nous permet-elle de rivaliser avec ceux qui ont eu une meilleure note que nous en analyse du monde contemporain et en culture gé ?

— Soumagne est connu pour utiliser des procédés pédagogiques non traditionnels, rappelle Clémence. Apparemment, nous faisons les frais d'une nouvelle expérience. Le malheur, c'est que je ne suis pas sûre que nous en sortions vainqueurs !

— Vous m'excusez, j'ai besoin de m'absenter deux secondes, signale alors Vincent. Mes intestins se manifestent...

— Pas trop près de nous ! ricane Naïm.

Vincent émet un petit rire, attrape son sac et s'éloigne. Les deux autres écoutent la forêt durant quelques secondes.

— Ta cuisse n'est pas trop douloureuse ? demande finalement Clémence à Naïm.

— Non, c'est sec maintenant. Avec un peu de chance, la cicatrisation se fera rapidement. Mais je m'inquiète de l'état de mes tongs, qui se disloquent de plus en plus. Si on doit encore marcher longtemps, il faudra que je me procure de vraies chaussures.

Pourvu que Vincent ne se perde pas en s'éloignant...

Tandis que Naïm et Clémence gardent le silence, on entend Maxime et Léa chuchoter, un peu plus loin. On dirait qu'ils ont des choses à se confier.

Dix minutes passent, Vincent ne réapparaît toujours pas.

Faut-il aller à sa rencontre au risque de se perdre, ou rester ici en l'appelant ? Effrayée, Clémence cherche la main de Naïm, la frôle en répétant à voix haute la question :

— Tu crois que c'est normal qu'il mette autant de temps ?

Paris'com

Enfin, des bruissements de feuilles indiquent que quelqu'un s'approche.

— Vincent, c'est toi ? demande Clémence d'une petite voix.

— Parlez, j'ai besoin de vous entendre pour repérer où vous êtes, répond-il.

À la réflexion, il aurait été souhaitable qu'il s'agisse de quelqu'un d'autre, du moins si la personne avait été bienveillante. Vincent, avec difficulté, se glisse entre eux deux, enlève ses chaussures et murmure, tout excité :

— Je crois que j'ai vu des lumières... Je me demande s'il n'y a pas un village, pas très loin.

— On devrait peut-être y aller, dit Clémence en se collant contre Vincent, comme pour se contredire elle-même.

Il faudrait ranger les duvets dans les sacs, se rechausser, repartir alors qu'ils n'ont rien dans le ventre, que les pieds sont douloureux et que la langueur s'est installée ? Non, ce ne serait pas raisonnable. Ils auraient du mal à se suivre. Et pour peu que la lumière soit un mirage, comment referaient-ils leur camp ? Et puis Maxime et Léa semblent lancés dans une grande discussion. Ils n'ont sûrement pas envie d'être dérangés.

Dormir en forêt est une première pour chacun d'eux. Ils découvrent un espace très bruyant. Des cris d'animaux non identifiés, des envols d'oiseaux, mais aussi des odeurs inhabituelles, des bestioles qui tentent de s'infiltrer à l'intérieur du duvet...

Serrés les uns contre les autres, ils n'en mènent pas large mais n'osent pas se plaindre, conscients qu'ils sont tous dans la même galère. Naïm sombre le premier, et lorsque Clémence pousse un soupir, Vincent en profite pour demander :

— Tu ne dors pas ?

— Non. Cette épreuve est tellement stupéfiante. Tu crois qu'on y arrivera ?

— On réussira, oui. Soumagne est audacieux, mais il n'est pas fou. Il ne nous laisserait pas crever de faim.

— Ah oui ? Et comment il nous sortirait de là ? Il doit être tranquillement chez lui, à faire un barbecue avec sa femme et ses amis, tandis que nous grelottons dans le noir...

— Tu exagères, il ne fait pas si froid.

Ils se serrent quand même l'un contre l'autre.

Au matin, un hurlement les réveille.

Chapitre 7

Léa et Maxime, quelques mètres plus loin, sont furieux : on leur a volé leur argent. Deux précieux billets de dix euros ont disparu.

Ahurie, Clémence ouvre les yeux. Sa tête est lourde d'une nuit trop courte, ses jambes endolories. Où est-elle ? La mémoire lui revient subitement, et elle se redresse pour attraper son sac à dos, qui lui servait d'oreiller. Les dix euros sont bien là, intacts. Naïm et Vincent les ont aussi.

— On dormait dessus, il aurait donc été difficile qu'on nous les prenne, font-ils observer.

— C'est la preuve que c'est vous les voleurs ! vocifère Maxime.

— Exact ! renchérit Léa, échevelée. Vous avez vu qu'on s'entendait bien, vous avez surpris nos plans. Et par pur esprit de vengeance, vous nous piquez le seul truc qu'on possède !

— Surpris vos plans ? s'étonne Naïm. Parce que vous en avez d'autres ? On ne devait pas rester ensemble quoi qu'il arrive ?

Maxime et Léa se dévisagent, comme s'ils hésitaient à dévoiler un secret, puis le garçon s'exclame :

— Tu crois que tu peux changer de sujet aussi facilement ? Vous nous avez volé notre argent, rendez-le-nous tout de suite !

D'un geste brusque, il fait voler en éclat la cabane qui protégeait le trio. Les fougères, encore humides, atterrissent sur les duvets et sur la tête de Vincent. Celui-ci se lève, furieux.

— Non mais ça ne va pas, pauvre malade ! On est un groupe, tu te souviens. Si on n'est pas solidaires, on perd des points ! Explique-moi comment on aurait pu se lever en pleine nuit, et aller fouiller dans vos sacs sans que vous vous en aperceviez... En plus, j'imagine que vous les gardiez sous votre tête, non ?

Maxime et Vincent sont maintenant l'un face à l'autre, loups prêts à se battre pour faire valoir leurs droits.

— Justement non, on les avait posés au coin de l'arbre, là où ils sont encore.

— Il faisait nuit noire... Votre histoire est délirante ! Dites-nous plutôt ce que vous avez mijoté, ce sera plus clair.

— On n'a rien mijoté du tout, crie Léa, hystérique. C'est vous qui voulez qu'on parte !

Durant quelques secondes, le temps semble suspendu. Les deux clans se font face, dans une agressivité palpable. Lentement, Vincent attrape son sac jaune et le vide. Une bouteille, un emballage de barre chocolatée, la feuille de mission et un seul billet de dix euros tombent. À son tour, Clémence effectue le même geste, suivie de Naïm. Aucune trace d'un billet supplémentaire.

— Vous êtes contents maintenant ? Ou alors il faut qu'on retire notre slip pour vous prouver qu'on n'a rien volé ?

Avec un rien de provocation, Maxime fait claquer l'élastique de son caleçon puis nargue le trio du regard. Chacun referme son sac en ajoutant son duvet.

— Si ça se trouve, suggère Clémence, un rôdeur est passé. Il a piqué votre argent parce que vos sacs étaient accessibles. Nous étions abrités sous notre cabane, alors il ne nous a pas vus.

Un ricanement sceptique sert de réponse.

Vincent a entrepris d'enfiler ses chaussures, humides à cause de la rosée. Le contact est désagréable, mais toujours moins que le sol terreux sur des pieds nus. Naïm suit le mouvement, avant de constater que ses tongs sont vraiment dans un sale état : la lanière ne tient plus qu'à un fil. Il les aimait bien pourtant ; sa cousine marocaine les lui avait offertes la semaine dernière, avant qu'il rentre en France.

Clémence se mord les lèvres ; Vincent aurait-il eu raison, hier soir ? Il semble que la forêt soit moins dense en contrebas... Ils devraient partir de ce côté. Mais le problème du vol n'est pas réglé. Les garçons se regardent en chiens de faïence, hésitant à attaquer, refusant de céder trop facilement.

— On va partager nos trente euros avec vous, propose-t-elle finalement. Trente divisé par cinq, ça donne six par personne. Ça vous va comme ça ? De toute manière, on reste ensemble. Alors je ne vois pas de quelle manière on pourrait dépenser votre argent sans que vous vous en aperceviez, ne soyez pas ridicules. On ferait mieux d'avancer dans cette direction, regardez.

Est-il judicieux de quitter la route ? Oui, jugent-ils à l'unanimité (un exploit !). La troupe se met donc en branle ; Maxime et Léa en tête. Les tee-shirts de Paris'com sont tachés et froissés, les jambes rouges et égratignées, les mines chiffonnées, les cheveux en bataille. Même Léa a renoncé à se coiffer.

— Vous croyez qu'on pourra se présenter à des villageois dans cette tenue ? Si ça se trouve, c'est notre allure débraillée qui a effrayé le conducteur d'hier. On a l'air d'épouvantails ! Regardez le tee-shirt de Naïm, il est plein de sang !

— Il faudrait qu'on achète des vêtements. Mais avec six euros par personne, on n'ira pas loin.

Ils marchent dix minutes en silence. Les mollets sont durs, la fatigue de la veille se fait encore sentir, surtout après une nuit aussi courte. Les estomacs réclament du carburant.

— Il est quelle heure, à votre avis ? demande Naïm.

Le jour n'est pas levé depuis très longtemps, peut-être est-il 7 heures. Mais, alors que Vincent va répondre, un cri strident l'arrête : devant, ils ont vu le clocher d'un village !

Dans une cavalcade désordonnée, le trio rejoint Maxime et Léa. Ils se trouvent à l'orée de la forêt. Un petit hameau se dresse devant eux, à cinq cents mètres environ. Une vingtaine de maisons, une église, certainement une boulangerie : le rêve.

Passé le moment d'euphorie, de nombreuses questions se posent, la première étant : comment les habitants vont-ils les accueillir, eux qui ressemblent plus à des SDF qu'à des étudiants en stage d'intégration ?

— Nous risquons d'effrayer la population si nous nous présentons ensemble, signale Maxime. Séparons-nous en deux groupes, ce sera plus efficace. On se donne un point de rendez-vous pour se retrouver, devant l'église par exemple.

— Je vous rappelle qu'on s'est promis de ne pas se séparer, dit Vincent.

— Bah ! s'exclame Léa. Ce n'est pas parce que nous nous éloignons les uns des autres pendant dix minutes que nous n'arriverons pas à Paris ensemble !

— Moi, je ne suis pas d'accord, dit Vincent, le ton sec. Je crois que nous sommes plus forts en restant ensemble, et puis nous avons un devoir de solidarité.

— Personne n'a parlé de véritable séparation, répète Maxime. Il s'agit juste de ne pas faire peur aux gens et d'éviter l'effet de masse. Ne sois pas sur la défensive, tu les auras, tes trente points !

Il jette un coup d'œil rapide à Léa qui sourit et s'approche de lui, comme pour corroborer ce qui vient d'être dit.

La gorge de Clémence se serre. Le ton de Maxime sonne faux, et elle devine que, dès qu'une occasion se présentera, il en profitera pour jouer les cavaliers solitaires. Comment en sont-ils arrivés, aussi vite, à une telle rivalité ?

Maxime et Léa ajustent leur sac à dos, font un signe de salutation, et se mettent en route. Ils ne se laisseront pas convaincre.

— Alors on se retrouve devant l'église, c'est bien ça ? confirme Clémence, le cœur serré.

— Oui, mais d'abord il faut que vous nous donniez nos douze euros.

Naïm grince des dents et regarde Clémence d'un air de reproche. Pourquoi a-t-elle émis cette suggestion ? Ils vont devoir partager le peu d'argent qu'ils possèdent.

Vincent fouille dans son sac et en sort son billet. Comme personne n'a de pièces pour faire la monnaie, Maxime et Léa se contenteront de celui-ci.

— Et encore, estimez-vous heureux ! lance

Naïm, vindicatif. Je me demande dans quelle mesure vous n'avez pas caché votre argent pour nous soutirer le nôtre...

— N'importe quoi ! réplique Léa en haussant les épaules. Vous êtes complètement dingues.

Elle glisse le billet dans son sac, et tous deux dévalent la pente sans plus attendre.

— Rendez-vous devant l'église ! rappelle Vincent.

— Ils ne m'inspirent pas confiance, dit Naïm pensivement. J'ignore quel coup ils nous préparent, mais ils ne m'ont pas l'air très nets.

— Va savoir... répond Vincent. On y va ?

Vain effort d'élégance, il passe la main dans ses cheveux et retend son tee-shirt pour qu'il paraisse moins froissé. Naïm mouille ses doigts avec sa salive et essaie de nettoyer le sang de sa cuisse, obtenant seulement une traînée sombre.

Le cœur battant, ils arrivent enfin à ce village dont ils attendent tant.

Chapitre 8

Les maisons sont grises et ternes, les volets tirés. Sans doute est-il plus tôt qu'ils ne le pensaient.

— On devrait peut-être demander de l'aide au curé, suggère Clémence.

Mais l'église s'avère être un pigeonnier ; le village est trop petit pour avoir jamais constitué une paroisse à part entière. Regardant à l'intérieur d'une voiture, Vincent aperçoit l'horloge numérique qui indique 06:58. Avec nostalgie, il pense à toutes ces grasses matinées qu'il s'est offertes pendant les vacances. Elles sont finies, bien finies.

— Si seulement je trouvais une jupe ou un pantalon, soupire Clémence. On nous a habillées avec un minuscule short. Je n'ai pas l'habitude d'être aussi court vêtue !

Durant plusieurs minutes, ils errent en silence dans les quelques rues du village. Il n'y a aucune boutique, aucun commerçant, aucune porte ouverte.

— Regardez les autocollants à l'arrière des voitures.

— Mmh, répond Clémence. Poitiers, Angoulême, La Rochelle, Niort. Toutes ces villes sont à quatre cents kilomètres de Paris. La situation est plus grave que nous l'espérions.

Au bout de trois allées et venues, rien n'a changé. Mais bizarrement, ils réalisent qu'ils n'ont croisé ni Léa ni Maxime – pas une seule fois.

— Ils nous attendent peut-être près du pigeonnier.

Mais à proximité de celui-ci, personne n'est visible. Ils patientent un long moment, avant de se rendre compte qu'il n'y a AUCUN BRUIT alentour. Par acquit de conscience, Vincent refait, au pas de course, le tour du village. Il revient transpirant, la tête basse.

— Je ne comprends pas, observe-t-il en soufflant fort. Les volets des maisons sont fermés... Comment ont-ils pu disparaître ? Au fait, je suis passé devant le panneau d'entrée du village. Il s'appelle La Cormaillère.

Jamais entendu parler. Une des trente-six mille communes de France.

— Je le savais, reprend Vincent. Ils préparaient un mauvais coup. Leur disparition était courue d'avance. Je suis sûr qu'ils nous ont faussé compagnie volontairement. Depuis qu'ils savent qu'ils n'ont pas besoin de nous pour entrer à Paris'com, ils veulent se débarrasser de nous... Mais il faut les retrouver. Sinon, notre intégration est foutue.

— Pour l'instant, c'est notre survie qui est en jeu, avoue Naïm. Je crève de faim, on est dans un bled paumé avec vingt euros en poche, ma cuisse est en feu et ma chaussure en train de lâcher. Si tu savais ce que j'en ai à faire, des deux autres, de leurs discussions de bourgeois du seizième, et même de l'intégration à Paris'com...

En guise d'encouragement, Clémence lui sourit tandis que Vincent se mord les lèvres.

C'est alors qu'un bruit de voiture se fait entendre.

— On ne la loupe pas, cette fois ! s'exclame Naïm, soudain revigoré.

Avec de grands gestes, il signale au conducteur de s'arrêter.

Par chance, celui-ci ralentit et ouvre sa fenêtre. C'est un homme d'une quarantaine d'années qui part au travail : il est vêtu d'un pantalon de costume, la veste étant soigneusement étalée sur la plage arrière.

— Et alors les jeunes, on a trop fait la fête ?

— Pas du tout, improvise Clémence. On est élèves à Paris'com, comme vous pouvez le voir sur nos tee-shirts. En première année. Les autres ont décidé de nous bizuter. On est perdus et on a besoin d'aide. Vous pourriez nous dépanner ?

Le conducteur, qui était tout sourires, fronce maintenant les sourcils.

— Vous voulez de l'argent, c'est ça ? Désolé, je ne peux rien f...

— Non, interrompt Naïm. Mais est-ce que vous pourriez déjà nous donner quelques renseignements sur l'endroit où on se trouve ? Et peut-être nous emmener en ville ?

Au bout de quelques secondes, l'homme finit par lâcher :

— Allez c'est bon. Je vous conduis à Poitiers.

Vincent hésite à se glisser dans l'habitacle ; l'idée de laisser Léa et Maxime lui répugne. S'ils partent maintenant, ils n'ont aucune chance de retrouver leurs camarades.

— Laisse tomber tes scrupules, lui dit Clémence. Ils nous ont abandonnés en premier...

Dans la voiture, le soulagement est manifeste. Quand leur sauveur découvre qu'ils ont dormi en forêt et qu'ils n'ont rien mangé depuis la veille au soir – et encore, une simple barre chocolatée, il manque s'étouffer.

— Quoi ! Moi qui pensais que les mœurs avaient changé... Je me souviens de mon propre bizutage. On m'avait déshabillé puis jeté dans les orties. J'en ai encore des démangeaisons, maintenant que j'en parle ! Ne vous inquiétez pas, je vous dépose à la gare. Vous pourrez acheter des sandwiches et monter dans un train pour rentrer chez vous...

Personne n'ose dire qu'ils n'ont pas assez d'argent et qu'une feuille de mission leur interdit d'utiliser un moyen de transport payant.

— Et vous, vous allez où ?

— Je suis représentant de commerce, explique-t-il. Je vends des emballages carton pour les pâtisseries. Vous voyez les boîtes dans lesquelles on place les tartelettes et les religieuses ? C'est moi qui les distribue pour tout l'ouest de la France. Ce matin, j'ai rendez-vous près de Ruffec, vous connaissez ?

Non, mais quand ils comprennent que c'est dans la direction opposée à celle de Paris, ils n'insistent pas. Une demi-heure plus tard, un peu sonnés par le bavardage incessant du commercial et la douce tiédeur qui règne dans la voiture, ils se retrouvent devant la gare.

— Première étape, s'exclame Naïm : un supermarché ou une boulangerie pour acheter à manger.

— Première première étape, réplique Clémence, dénicher des vêtements. On a l'air ridicules avec ce tee-shirt et ce minishort.

— Pour les tee-shirts, d'accord, répond Vincent. Mais ton short est très bien.

— Première première première étape, enchaîne Naïm, des toilettes. Ça devient de plus en plus urgent. Et faute de se changer, on pourra au moins se nettoyer et se désaltérer un peu.

Ils commencent par ce dernier point : l'avantage d'une gare, c'est qu'on y trouve des WC. Les lieux ne sont pas spécialement confortables ni propres, mais avec un bonheur inégalé, ils s'aspergent et boivent de la délicieuse eau (javellisée et malcommode à attraper, tant pis).

Quand ils en sortent, un quart d'heure plus tard, Clémence et Naïm paraissent sereins, tandis que Vincent a encore les sourcils froncés.

— Je ne sais pas comment on va rentrer à Paris ; tout ce que je comprends, c'est que nous sommes fichus. Impossible de réussir le stage d'intégration : comment voulez-vous qu'on retrouve les autres avant lundi matin ?

Clémence hoche la tête. Elle sait bien qu'elle avait besoin de la totalité des points pour gagner... Avec un peu de chance, ils retrouveront Maxime et Léa avant l'arrivée à Paris. Soumagne leur attribuera alors la totalité des points. Mais cette perspective paraît incertaine. C'est alors que Clémence aperçoit la cuisse de Naïm, rouge et gonflée. Avant qu'elle ait eu le temps de lui faire la moindre remarque, on lui tape sur l'épaule.

— Hep jeunes gens ! dit une voix grave derrière elle.

Elle se retourne et roule des yeux affolés.

Chapitre 9

Pendant ce temps, Maxime et Léa, attablés devant un énorme petit déjeuner, discutent avec la personne qui les a recueillis, une certaine Mme Lechat.

— Vraiment, demande leur hôtesse horrifiée, vous vous êtres faits attaquer par deux sangliers ?

— Eh oui, nous avons balancé toutes nos victuailles en espérant les calmer... Mais je ne crois pas que les sangliers soient très portés sur les barres chocolatées.

Mme Lechat éclate de rire.

— Ces sales bêtes ont fini par s'éloigner, heureusement. Résultats, nous sommes affamés, termine Léa, transis de froid et épuisés. Heureusement que nous sommes tombés sur une personne aussi gentille que vous !

— Ne vous inquiétez pas, nous ne vous dérangerons pas trop longtemps. Ma mère a dit qu'elle venait dès que possible. Sa voiture est rapide. Avec un peu de chance, elle sera là en fin de matinée, et vous serez débarrassée de nous.

— Très bien, je vous laisse, annonce la propriétaire. J'ai du travail.

Dès qu'ils sont seuls, les deux jeunes se dévisagent avec une lueur de triomphe. Enfin cette sale épreuve va se terminer, enfin ils vont retrouver Paris. Déjà ils se sentent mieux, le ventre rempli de délicieuse nourriture. Leur sauveuse a préparé des œufs à la coque divins – ils ont l'impression de n'avoir jamais rien mangé d'aussi bon.

— On a peut-être eu tort de leur fausser compagnie, dit enfin Léa, ceci dit tu as raison, à cinq ce n'était pas possible. Non mais tu as vu Naïm, ses tongs en charpie et sa cuisse déchirée ! Personne n'aurait jamais eu pitié de lui. Surtout avec son allure de Maghrébin et son tee-shirt plein de sang.

— Moi, celui que je ne supportais pas, c'était Vincent. Quel arrogant ! Et quel angoissé, à répéter sans arrêt : « On ne doit pas se séparer sinon Soumagne le saura et on sera recalés. » Pff, n'importe quoi !

— Quant à Clémence et ses airs de première de la classe ! Tu te souviens, elle avait appris par cœur les cours de Soumagne. On se demande à quoi ça rime !

Ils éclatent de rire, satisfaits du bon tour qu'ils ont joué.

— Heureusement que ta mère a accepté de venir nous chercher !

— Et en plus, je n'ai pas téléphoné moi-même. Donc je n'ai pas enfreint la sacro-sainte règle de la feuille de mission. Mme Lechat a mis un peu de temps à comprendre ce qu'on lui demandait, mais elle a fini par accepter.

— Franchement, c'est super que tu aies aperçu de la lumière à travers les persiennes. Sinon, on errerait comme des malheureux dans le village !

— Tu crois que les autres nous attendent encore devant l'église, enfin le pigeonnier ?

À cette idée, ils éclatent de rire. Eux sont sauvés, c'est tout ce qui compte. Par chance, ils n'auront plus besoin de marcher. Les nu-pieds à talons compensés de Léa ont souffert durant ces dernières vingt-quatre heures.

— Bon, en attendant que ma mère arrive, on devrait parfaire notre bronzage sur la terrasse de Mme Lechat. La meilleure activité des vacances...

Et ensuite, à nous Paris'com et la belle vie.

Nouvelle crise de rire.

Lundi matin est un autre jour, d'ici là, mieux vaut profiter des plaisirs qui s'offrent à eux. Un bain de soleil, en premier lieu. Et la certitude d'avoir triomphé des élucubrations stupides de Soumagne.

— Quand même, dit Léa, on devrait aller chercher les autres. C'est dommage que ta mère ne les ramène pas, eux aussi.

— Pas question, ils seraient capables de râler. Je vois déjà Vincent murmurer qu'on a triché, que ce n'est pas normal, et je ne sais quoi encore...

— Tu crois vraiment ? Au moins Naïm, qui s'est blessé à la cuisse !

Maxime se redresse et darde des yeux furibards vers Léa :

— Non.

Chapitre 10

La gare est noire de monde, les bousculades sont fréquentes, mais Clémence n'a pas rêvé : on vient de lui toucher l'épaule et de l'interpeller.

— Hep jeunes gens !

Elle se retourne et s'affole en apercevant les deux policiers qui sont là.

— Mais je... Mais nous...

— Vous savez qu'une tenue décente est obligatoire dans les lieux publics ? signale le premier, un moustachu costaud qui garde la main droite le long de son flanc, de manière à se servir de son arme au plus vite. Veuillez enfiler des vêtements immédiatement.

Naïm s'avance et explique qu'ils sont en plein bizutage, vous comprenez, monsieur l'agent...

— Un bizutage au mois d'août ? Vous plaisantez !

Clémence pense à ouvrir son sac à dos et à montrer la lettre. Les deux policiers la lisent, la retournent, esquissent une moue sceptique.

— Vous avez de quoi vous vêtir décemment tout de suite ? demande finalement le deuxième policier, un grand maigre.

Le trio se dandine sur place.

— Non, réplique Clémence, mais s'il y a un magasin pas trop loin, on pourrait acheter de quoi...

— Avec vos dix euros, c'est ça ? s'amuse le moustachu. Vous croyez que ça suffira ?

Autour d'eux, un attroupement se forme. Les gens se poussent du coude, intrigués. Naïm tente le tout pour le tout :

— Messieurs-dames, nous sommes en plein bizutage, enfin disons en plein jeu de rôle, et contrairement à ce que nous aimerions, nous n'avons rien pour nous couvrir. Quelqu'un pourrait-il nous dépanner ? Un short, un pantalon, n'importe quoi... S'il vous plaît !

Personne ne réagit.

— Vous avez vos papiers, au moins ? s'enquiert le policier trop maigre.

— C'est-à-dire que... On nous a tout enlevé au début du stage.

Les deux policiers s'interrogent : faut-il

emmener ces hurluberlus au poste ou les laisser tranquilles ?

— Monsieur, soyez sympas, il fait chaud, on porte quand même un tee-shirt et un minuscule short ; on ne choque personne !

Au commissariat, c'est la course au chiffre ; les gardiens de la paix sont mieux vus quand leur carnet de contraventions est bien rempli. Tous deux stagiaires, ils ont commencé à travailler la semaine dernière seulement. Ils ignorent de quelle manière se traite ce genre de cas. Et ces trois énergumènes paraissent bizarres, avec leur histoire à dormir debout et les traces de sang sur les tee-shirts et les sacs.

— Bon, je prends vos noms, déjà. Une seconde, je prends mon carnet. Alors on est le combien déjà ?

— Vendredi 29, répond l'autre. Et il est 9 h 10.

— Vendredi 29 ! répète Naïm, sidéré. Vous avez entendu, on est vendredi 29 !

Cela signifie donc qu'ils ont un trou de vingt-quatre heures ; la drogue qu'ils ont avalée a fait effet plus longtemps qu'ils ne le pensaient.

— Évidemment qu'on est vendredi 29. Et au cas où vous ne le sauriez pas, on est en août... Je ne sais pas ce que vous avez ingurgité, mais vous me semblez bien atteints. Alors nom, prénom, adresse. Allez, on se dépêche.

Tétanisée, Clémence donne ses coordonnées réelles ; lorsque c'est au tour de Vincent, celui-ci déclare :

— Nicolas Dagraeve, 37, avenue du général Leclerc à Clermont-Ferrand.

Les deux autres tâchent de ne pas montrer leur étonnement. Clémence regrette son manque d'à-propos (mais aurait-elle été capable de mentir ?) et Naïm enchaîne sur une identité fantaisiste, Saïd Zidane, oui comme le footballeur simplement il n'est pas de la même famille.

— Allez, hop, on vous embarque, décide finalement le moustachu.

Atterré, Vincent sait que la situation est grave. Quand les flics auront découvert sa véritable identité, et sauront que son casier judiciaire n'est pas vierge, ils se feront un plaisir de le garder au frais plusieurs jours.

C'est alors qu'un observateur intervient, furieux :

— Non mais attendez, je ne le crois pas ! On arrête des étudiants qui n'ont rien fait de mal, et on laisse des SDF traîner devant la gare et embêter tout le monde ! Ils ne dérangent pas, ces gamins. Ce sont eux les plus gênés, vous le voyez bien !

Deux ou trois autres personnes prennent

aussi leur défense. Les policiers, rapidement débordés, essaient de faire face à la vindicte collective, le ton monte. Deux hommes s'énervent, et menacent de se battre, si bien que le jeune moustachu est obligé de s'interposer.

C'est le moment ou jamais de s'éclipser, et Vincent touche ses deux camarades du coude en glissant :

— On y va !

Ils détalent immédiatement et, avant que les policiers se soient rendu compte de ce qui vient de se passer, ils sont déjà sortis de la gare. Vincent, d'un coup de tête, indique la direction à prendre, à gauche. Ils suivent donc le panneau « Parking intermodal ». Naïm est à la traîne, manifestement sa chaussure a lâché.

— Merde ! crie-t-il, paniqué.

Sans réfléchir, il abandonne la tong cassée en pleine course, et essaie de rattraper son retard en claudiquant.

Dès que les policiers ont réussi à se débarrasser des badauds importuns, ils courent à la poursuite des jeunes qu'ils ont vus s'engouffrer dans le parking. Il n'est pas question de se laisser berner par de tels bouffons. Ce serait la honte pour un début de stage. Frais sortis de l'école, encore entraînés par les exercices sportifs imposés, ils courent vite, plus vite que le trio épuisé.

— On se cache derrière une voiture ! chuchote Vincent en voyant que les policiers se rapprochent dangereusement.

Ils s'installent derrière une camionnette de fleuriste, et haletants, observent leurs poursuivants, qui balayent maintenant le parking avec leurs lampes. Une douce musique provient des haut-parleurs, ridicule dans cette atmosphère saturée d'angoisse.

Alors que le faisceau est presque sur eux, le ventre de Naïm gargouille en manifestant son mécontentement d'être oublié. Le moustachu s'immobilise ; n'a-t-il pas entendu un bruit ? Tous trois ferment les yeux en priant pour que leur corps ne les trahisse pas.

Chapitre 11

À part la musique douce, aucun bruit ne se fait plus entendre. L'un des policiers a ramassé la tong cassée et la regarde d'un air dégoûté.

— Bon écoute, on laisse tomber. On ne va pas faire une analyse ADN pour retrouver le propriétaire de cette chaussure... Ce sont des gamins qui n'ont rien fait de mal.

— Laisser tomber ? Belle mentalité ! C'est comme ça que tu commences ton stage, toi ? Des petits jeunes minables nous narguent, et toi tu laisses tomber !

— Parfaitement. On a été recrutés pour maintenir l'ordre, pas pour poursuivre des malheureux dont le seul défaut est d'avoir passé une nuit dans la forêt et de se balader en caleçon... Allez viens Fabrice, on a des trucs plus importants à faire.

— Fais ce que tu veux, moi je continue mes recherches. Ils n'étaient pas nets, ces jeunes.

Le moustachu paraît ennuyé ; un binôme ne doit jamais se séparer, quelles qu'en soient les raisons. Et comme son collègue campe sur ses positions, il n'a pas le choix.

Il reste aussi.

Une minute passe, suivie d'une autre. Le cœur de Vincent semble prêt à exploser. Parviendra-t-il à maîtriser sa respiration ? Des milliers de pensées lui traversent l'esprit ; il se rend compte qu'il va devoir justifier son comportement vis-à-vis de Clémence et Naïm – mais que leur avouer ? Il aurait souhaité garder le secret sur la nature de ses rapports avec la police. Quand ils sauront qui il est vraiment, ils se détourneront forcément de lui...

Et si Soumagne avait fait exprès ? S'il l'avait choisi, lui, en raison justement de son passé ? Il serait assez pervers pour lui infliger cette épreuve supplémentaire, l'obliger à se dévoiler et à se montrer aux autres sous un jour défavorable.

La meilleure solution serait de tout dire, ou d'en dire suffisamment pour calmer leur curiosité.

Salaud de Soumagne.

Le parking est parfaitement silencieux depuis plusieurs minutes maintenant, mais Fabrice (puisqu'il s'appelle ainsi) ne s'impatiente pas.

— Tu sais qu'ils peuvent être à l'étage du dessus ? Est-ce qu'on n'aurait pas intérêt à patrouiller dans la totalité du parking ?

— Vas-y si tu veux, moi je reste. J'ai entendu un bruit bizarre tout à l'heure.

Naïm n'ose pas regarder l'état de son pied gauche. Il a couru sans aucune protection, n'écoutant pas la douleur qui l'élance maintenant, tenace. Il aurait sans doute dû conserver ses deux tongs ; réparer la gauche devait être possible. Tandis que maintenant, un des policiers la tient en main... devra-t-il dépenser une partie des précieux vingt euros pour racheter une nouvelle paire de chaussures ? Il est plus important d'acheter de quoi manger. D'ailleurs les autres seront-ils d'accord pour l'aider à résoudre son problème ?

À ce moment, des bruits de voix se font entendre. Fabrice adresse un regard de triomphe à son collègue, mais les deux personnes qui surgissent finalement n'ont rien à voir avec leurs proies. Les pas résonnent sur le sol, la conversation devient de plus en plus perceptible.

Vincent avale sa salive avec difficulté. S'il s'agit des fleuristes derrière lesquels ils sont cachés, ils sont cuits. De là où il se trouve, il ne voit rien ; il sait juste que les bruits de pas se rapprochent, ainsi que le danger, par ricochet.

Enfin deux paires de jambes passent devant la camionnette du fleuriste, s'arrêtent une seconde.

— Messieurs-dames, bonjour ! dit un des policiers. Nous cherchons un groupe de trois jeunes en tenue débraillée, vous ne les avez pas vus, par hasard ?

— Non, désolés, répond l'homme.

Le couple se dirige tranquillement vers une voiture située à deux places de la camionnette, grimpe à l'intérieur et démarre.

Ouf ! Pour cette fois, ils sont sauvés.

Chapitre 12

Les yeux fixés sur les trois écrans, Soumagne arbore un sourire heureux. Ses plans réussissent au-delà de ses espérances. Le nouveau cours intitulé « Obstacles aux communications et moyens de les surmonter » a suffisamment de matière pour tenir au moins un semestre. Sur les rushs qu'il a visionnés depuis la veille, il a noté quelques moments d'anthologie, en particulier les réactions de Maxime, qui s'est opposé à tout message d'action dès lors qu'il ne provenait pas de lui-même.

Quelle bonne idée il a eue d'organiser ce stage d'intégration ! Il est vrai que les collègues ont été difficiles à convaincre, bien qu'ils n'aient pas eu connaissance de ses objectifs précis et des moyens d'y parvenir.

Ils ont fini par décider, du bout des lèvres, que Soumagne pourrait repêcher trois ou quatre élèves sur liste d'attente. Le stage d'intégration n'existe pas officiellement et n'a pas été validé par l'administration. Mais peu importe. Ses collègues seront forcément séduits quand ils verront les résultats objectifs pour la recherche.

Au début du mois de juillet, il a soigneusement épluché le profil des étudiants sur liste d'attente ; il fallait équilibrer les personnalités, du moins ce qu'il en ressentait au vu de la lettre de motivation et des bulletins scolaires fournis dans le dossier. Mixer filles et garçons, mélanger les tempéraments et les provenances sociales, vérifier qu'aucun parent juriste ne se précipiterait pour lui coller un procès... Au dernier moment, il a ajouté un élément-surprise qui pourrait lui rendre service.

Une jolie expérience en perspective.

Savoir s'ils seront finalement admis à Paris'com n'est pas l'important. L'essentiel, ce sont ses recherches, ses sacro-saintes recherches. Lorsqu'un groupe restreint se retrouve dans une situation conflictuelle à résoudre, quels éléments psychologiques de personnalité sont mis en œuvre ? De quelle manière les sujets parviennent-ils à aller au bout de leurs objectifs ?

Il prendra un grand plaisir à montrer à ses futurs étudiants combien les réactions de ce garçon sont stéréotypées et prévisibles.

Mentalement, il prépare déjà ses arguments, choisit des exemples et affûte ses explications. Maxime s'est révélé passionnant, à tous points de vue. Sa mauvaise foi était un délice, ses moqueries et son dédain aussi.

Maxime, ou la volonté d'écraser les autres sans les prendre en compte.

L'exemple de Léa est tout aussi frappant. Elle a reconnu un de ses pairs en la personne de Maxime (même niveau social, même habitat géographique) et, pour cacher sa terreur, elle s'est collée à lui. Aucun cadre de référence stable, aucune attitude objective. Elle a soutenu le leader qu'elle s'est choisi sans être attentive aux arguments de celui-ci.

Pour quelqu'un qui se destine à des métiers de management, c'est édifiant.

Lorsqu'on frappe à la porte, Soumagne va ouvrir et se trouve face à un de ses étudiants qu'il a nommé responsable de l'opération, Ryan.

— Bonjour monsieur, est-ce que les caméras tournent bien ?

— À peu près. Surtout celle qui est positionnée sur les lunettes de Vincent, elle fonctionne impeccablement et nous permet de voir les visages. Celle de la barrette de Léa est souvent cachée par des mèches de cheveux, mais elle permet de suivre les conversations audio. Quant à celle du sac jaune, elle donne mal au cœur tellement elle se balade... Tu as fait du bon travail, Ryan. Je te félicite.

— Et les nouvelles sont bonnes ?

— Le groupe de cinq a éclaté en vingt-quatre heures, même pas. De jolis instants, des points de vue contrastés qui seront très utiles à nos recherches.

— Donc vous êtes contents des sujets que vous avez sélectionnés pour cette expérience ?

— Très... Eux le sont moins, mais ce détail est négligeable.

Il s'arrête de parler parce que, dans le parking, la situation évolue enfin. Les policiers se sont décidés à redescendre – il était temps. Le trio se relève en silence. Naïm grimace en posant son pied nu sur le sol.

— On monte, dit Vincent.

— Tu crois ? hésite Clémence. On ne va pas se faire coincer ?

— Non, il me semble qu'une passerelle

permet de traverser la gare ; si j'ai bien observé l'agencement des lieux quand nous sommes arrivés en voiture, il y a un embranchement vers le troisième ou quatrième étage.

À travers les deux caméras, on n'entend que des soupirs et des bruits de pas dans l'escalier.

— Quand même, vous ne leur avez pas imposé un truc trop dur ? s'inquiète Ryan, qui se projette à leur place. La blessure de Naïm est préoccupante, vous ne trouvez pas ?

Soumagne hausse les épaules. La science nécessite quelques sacrifices.

Chapitre 13

Dehors le soleil a fait son apparition, étouffant. En marchant le plus vite possible, ils atterrissent dans un quartier résidentiel où, espèrent-ils, les voitures de police ne sont pas trop nombreuses.

Tout à coup, devant l'un des pavillons du boulevard du Roc, Clémence aperçoit une dame qui pend son linge.

— Là ! fait-elle soudain excitée.

Les autres comprennent immédiatement de quelle manière les vêtements propres pourront leur être utiles.

— On les vole, vous croyez ? hésite Naïm.

— Évidemment... Venez, on se cache et on revient plus tard, quand elle sera rentrée chez elle.

Du coin de la rue, ils observent la progression

de l'opération. Une fois que la dame a terminé (manifestement, elle habite seule, et on est en droit de regretter ses goûts déplorables), elle rentre chez elle en chantonnant « Elle est mambo, la maladie ».

Les trois jeunes gens se dévisagent. Qui va commettre le forfait ? Naïm, avec ses pieds nus, a une excuse toute trouvée. Vincent secoue la tête d'un air buté en disant que, vraiment, s'il pouvait éviter...

Reste Clémence.

— Vous n'êtes pas cool, les mecs. Pas cool du tout. Je n'ai jamais fait ce genre de trucs, moi. Je ne sais pas comment m'y prendre.

— Ce n'est pourtant pas très compliqué. Tu vérifies que personne ne te voit, tu sautes par-dessus le portail, et tu attrapes ce qu'il nous faut.

— On dirait que tu as fait ça toute ta vie, soupire la jeune fille.

Si seulement elle savait !

Durant plusieurs minutes, Clémence hésite, se prépare puis se retient. Si elle se fait prendre, son forfait sera sûrement signalé à Paris'com, et c'en sera fini des espoirs d'intégration.

Les autres ont moins d'états d'âme. Ils la pressent de se dépêcher, on ne va pas y passer la matinée.

D'une démarche qui se voudrait innocente, Clémence s'avance donc dans la rue. La dame n'a pas reparu. Avec un peu de chance, elle regarde la télévision et, captivée par son émission favorite, ne fera pas attention à ce qui se passe dehors.

Au moment où elle va sauter par-dessus le portail, la porte d'entrée s'ouvre. Mais Clémence, toute à son action, ne s'en aperçoit pas. Alerte ! À l'autre bout de la rue, les deux garçons bouillonnent. Comment réagir de la manière la plus efficace ? Vincent improvise :

— Clémence ! Tu es rentrée de vacances ?

La jeune fille, qui prenait son élan, s'arrête en plein geste. Et, alors que la propriétaire du linge fronce les sourcils en se demandant ce que ces adolescents en petite tenue font devant chez elle, elle imite les étirements de la joggeuse en plein effort.

Vincent la rattrape et ils entament une conversation stupide. *Oui, j'étais en vacances en Corse, il a fait super beau, et toi, tu étais où ?*

En traînant sa poussette à courses, la dame franchit son portail (qui n'était pas fermé à clef), dévisage les deux énergumènes devant elle. Depuis quand fait-on son jogging en sous-vêtements ? Les jeunes sont fous, de nos jours.

Vincent jette un coup d'œil à la boîte aux lettres et dit, avec un grand sourire :

— Bonjour madame Ducarre. Vous allez bien ?

De plus en plus perplexe, celle-ci se demande si elle est folle. Ce garçon a l'air de la connaître, alors qu'elle n'a aucun souvenir de son visage. Bah, ça lui reviendra. Après un hochement de tête en guise de salut, elle s'en va en traînant sa poussette.

Cinq minutes plus tard, le trio est vêtu à la dernière mode : chacun porte une blouse (humide) du meilleur effet. Celle de Clémence est rose avec de grosses fleurs jaunes ; Vincent en a choisi une bleue avec des pois verts, tandis que Naïm a ramassé celle qui restait, une rouge à fines rayures de couleur. Ils sont peut-être ridicules, mais au moins ils ne risquent plus d'être arrêtés pour tenue indécente.

— Maintenant, on se barre du secteur, avertit Vincent. Quand elle verra qu'on lui a piqué ses affaires, elle va immédiatement deviner qui sont les voleurs !

Mais Naïm marche toujours pieds nus, avec fort peu de chances de trouver des chaussures qui pendent à une corde à linge ; et les ventres n'ont toujours reçu aucun aliment depuis bien longtemps, la progression est donc lente.

Ils suivent les rues au hasard, l'objectif premier étant de s'éloigner.

— Il faudrait quand même qu'on ait un plan, murmure Clémence. Qu'est-ce qu'on fait ? On tente d'aller à Paris en stop ?

— Je suppose, répond Vincent d'un ton lugubre... Hep, madame, c'est bien la route pour Paris, par ici ?

— Pour Paris ? s'étonne la passante. C'est-à-dire que... Oui, si vous filez tout droit, puis en tournant deux fois à droite, vous retrouverez l'avenue de Nantes. Quand vous aurez atteint le supermarché, vers la Demi-Lune, vous pourrez rattraper la route de Paris. Mais dites-moi, c'est le carnaval, aujourd'hui ? Et vous ne comptez pas rejoindre la capitale pieds nus, tout de même ? Il y a près de quatre cents kilomètres !

S'ils retiennent l'itinéraire décrit, c'est parce que le mot de supermarché leur ouvre des perspectives alléchantes. Les dix minutes qui les en séparent sont passées à rêver aux mets délicieux qu'ils y trouveront.

— Du pain et du fromage, propose Clémence. Si on achète une baguette chacun et un camembert premier prix, on s'en tirera pour cinq euros max.

— Sinon, un paquet de chips géant, suggère Vincent. Ou une énorme pizza trois fromages.

— Surgelée ? plaisante Naïm. Tu la feras cuire comment ? Et excusez-moi d'y revenir encore, mais est-ce qu'on pourrait regarder s'ils ont des paires de chaussures pas chères ? Je risque la blessure au huitième degré à chaque pas.

Ils marchent en silence, jusqu'au moment où Vincent explose.

— Franchement, il vaut mieux enlever nos blouses. Sans, on a l'air de jeunes débraillés. Avec, les gens croient qu'on sort d'une soirée psychédélique ; à tout prendre, je préfère le négligé. Il n'y a que toi, Clémence, qui parais normale.

Mais aucun des deux garçons n'enlève sa tenue.

— Normale, tu trouves ? Quand je pense que je m'attendais à un stage de bachotage, les fesses sur ma chaise de bureau. J'imaginais que je passerais mes soirées à apprendre par cœur des formules mathématiques ou des processus économiques... Et me voilà épuisée, habillée en ménagère de plus de cinquante ans fan des seventies, à errer dans les rues sous un soleil de plomb. Tu parles que je parais normale !

— Toujours plus que moi, soupire Naïm en boitillant. Pieds nus et en blouse, je gagne le concours de Mister Épouvantail.

— Je me demande ce que les deux autres sont devenus, dit Clémence après quelques minutes de silence. Pourvu qu'il ne leur soit pas arrivé une horrible galère et qu'ils n'errent pas autour du pigeonnier en se demandant ce qu'on est devenus.

— Tu parles, ils doivent dévorer un énorme petit déjeuner et ricaner en songeant au bon tour qu'ils nous ont joué.

Ils en sont là quand Vincent les tire en arrière. Son regard est affolé.

— Cachez-vous ! dit-il.

Et il court pour atteindre la rue adjacente, à quelques mètres de là.

Chapitre 14

Vers midi, la mère de Maxime est arrivée à La Cormaillère, mais son GPS n'indique pas la maison que la dame a décrite au téléphone. D'ailleurs, elle n'a donné aucune rue précise. « Vous verrez, c'est une bâtisse ancienne aux tuiles romaines avec un portail vert un peu défoncé, et un petit panneau "Chien méchant" même s'il est mort depuis dix ans. »

Dire qu'elle a laissé en plan son travail, qu'elle a été obligée d'annuler ses rendez-vous pour récupérer un fils en perdition ! Elle n'a rien compris à ce que lui racontait la dame, à part qu'elle devait aller le chercher, et qu'il ne pouvait pas parler au téléphone. Du délire pur !

Maxime avait annoncé qu'il participait à un stage d'intégration de Paris'com. Si elle se souvient de ce qu'il lui a dit, il s'agissait d'une semaine de révision avant d'attaquer la rentrée dans les meilleures conditions. Alors POURQUOI a-t-il atterri dans ce bled perdu au fin fond du Poitou ? Elle a roulé pendant quatre heures, et résultat, le refuge dans lequel Maxime aurait abouti est introuvable. On croit rêver !

À moins qu'on lui ait tendu un piège... Elle pense soudain à Legrand, son ennemi juré, qui travaille pour la société d'architectes rivale de la sienne. Ils se battent en ce moment pour obtenir le même contrat. Aurait-il eu l'audace d'inventer un stratagème pour lui faire perdre son vendredi ? Lui aussi doit être sur les dents, lui aussi doit compter les heures. Il serait bien capable d'une telle perversité.

En rage, furieuse de ne pas y avoir pensé plus tôt, elle freine brusquement, arrête le moteur et téléphone à sa secrétaire.

— Martine ? Vous pouvez appeler Legrand, et lui dire qu'il est un con ? Je vais me venger, vous allez voir, ce ne sera pas tendre !

À l'autre bout du fil, la secrétaire ouvre de grands yeux.

— Mais madame, je ne...

— Non, vous avez raison, je vais le faire moi-même... Essayez simplement d'obtenir un délai pour la remise de l'appel d'offres. Je ne sais pas, dites que je viens d'avoir un grave accident de voiture.

— Mais madame, comment voulez-vous que...

— Je suis de retour dans quatre heures environ. Arrangez-vous pour disposer de votre soirée et de votre nuit. On aura ce contrat même si Legrand invente une autre saloperie pour me déconcentrer et m'empêcher de travailler. On l'aura !

Elle raccroche brutalement, laissant la secrétaire ahurie. Ensuite elle surfe sur Internet et vérifie, avant de partir, que son fils est bien présent à Paris'com. Une fois qu'elle a le numéro, elle appelle. Au standard, elle tombe sur une incapable prétendant qu'aucun stage d'intégration ne se déroule en ce moment dans les murs de Paris'com. La rentrée des étudiants de première année est fixée au lundi 1er septembre à 9 heures.

— Je veux parler au secrétariat ! hurle Mme Devairs, de plus en plus furieuse.

Si son fils a inventé ce stage pour roucouler en douce avec cette fille dont il s'est entiché, ça ne passera pas. Amandine, elle s'appelle. Une gamine sans talents qui végète en fac d'histoire – aucun avenir et aucune conversation.

Après vingt minutes au téléphone, en étant baladée de bureau en bureau (avec toujours des ignorants au bout du fil), elle doit se rendre à l'évidence : Maxime a inventé ce stage d'intégration. Pire : il n'est pas sur la liste des admis comme il l'avait prétendu, mais sur liste d'attente. Et mal placé, en plus.

Autrement dit, son fils est un menteur. Non seulement il a embelli la situation sur le front de ses études, mais en plus il s'est éclipsé dans la nature. Cet appel au secours est une pure invention de Legrand, qui a profité de la situation, dont il a été mis au courant Dieu sait comment.

Après tout, Maxime est majeur ; il est capable de se débrouiller ; elle a été stupide de se précipiter pour aller le chercher, sans démêler le vrai du faux.

Grâce à une bonne dose d'acharnement et une douzaine de coups de téléphone, elle parvient à récupérer le numéro de portable d'Amandine. Mais celle-ci jure que Maxime n'est pas avec elle. Elle paraît par ailleurs très déçue d'apprendre qu'il a menti sur son admission à Paris'com, et termine par un définitif : « Maxime, je ne veux plus en entendre parler. »

Dans un rugissement, Mme Devairs fait redémarrer sa voiture, direction Paris. Elle a déjà tourné quand elle réalise qu'elle vient de passer devant une bâtisse ancienne aux tuiles romaines, avec un portail vert à moitié défoncé. Si ça se trouve, Legrand a vraiment demandé à la propriétaire de l'appeler ; la maison existe peut-être. Elle devrait sonner, et se défouler sur cette femme.

Bah non, pas la peine de perdre du temps. Plus vite elle sera de retour à Paris, mieux ce sera. Allez, on accélère encore...

Dans le jardin, par-derrière, Maxime et Léa attendent l'arrivée de leur sauveuse.

— Elle ne devrait plus tarder, dit le garçon. Tu verras, ma mère est cool, en général. Du moment qu'on est réglo, tout se passe bien. Quand elle a du travail, elle est un peu speed, mais globalement je n'ai pas à me plaindre.

Chapitre 15

Vincent a couru plus vite que les autres, qui ne s'attendaient pas à devoir échapper à un nouveau danger.

— Vous n'avez pas vu ? C'était Mme Ducarre, celle à qui on a volé les blouses. Elle revenait de ses courses, son chariot plein. Je crois qu'elle ne nous a pas remarqués, mais elle va rapidement s'apercevoir du vol... Naïm, on devrait vraiment retirer nos blouses, elles sont trop voyantes.

Il se déshabille devant l'œil surpris d'un enfant d'une dizaine d'années qui passe près d'eux.

— Je n'en peux plus, avoue Naïm. Mon pied gauche est en sang, je crois que j'ai marché sur un bout de verre. Il est temps qu'on arrive au supermarché et qu'on puisse acheter quelque chose, ne serait-ce qu'une paire de chaussettes.

— On va se débrouiller, ne t'inquiète pas, dit Clémence. J'espère juste qu'il y aura un rayon chaussures ou chaussettes...

— Et si on essayait de transformer les sacs à dos en short ? propose Clémence. Avec un peu de chance, on pourra déchirer les coutures.

Sans attendre l'avis des autres, elle vide le sien et en tend le contenu à Naïm, puis elle l'examine.

— Non, finalement ce n'est pas une bonne idée. En revanche, on peut en faire un chausson super confortable.

Après avoir demandé à Naïm de s'asseoir, elle lui entortille le pied et utilise les lanières pour serrer le tout.

— Et hop ! dit-elle au bout de cinq minutes. L'affaire est jouée ! Attends, on va donner un petit copain au pied droit.

Elle vide le sac jaune, et transfère son contenu dans le rouge. Mais Vincent lui arrache la besace des mains.

— Non, pas celui-là ! crie-t-il.

Clémence et Naïm le regardent, étonnés. Pourquoi s'énerve-t-il ainsi ?

— Je... Euh, ce serait plus joli avec le rouge, vous ne trouvez pas ? dit-il, gêné.

Et aussitôt, il en libère les affaires pour remplir le jaune à ras bord.

— Comme tu voudras, murmure Clémence. Je ne te savais pas fétichiste des couleurs.

— Eh oui, que veux-tu...

Paris'com

Cinq minutes plus tard, ils estiment que la voie est libre et reviennent à la rue principale. Ils marchent lentement, chaque pas semblant peser une tonne. Naïm, un pied rouge, un pied vert, attire l'attention des regards, mais il se sent à l'aise et ne se blesse plus. À chaque pas, un cling retentit, lorsque les anneaux de métal claquent contre le sol.

— Tu gagnes le brevet de l'ingéniosité ! dit-il à Clémence. Je regrette seulement qu'on n'ait pas eu cette idée plus tôt... C'est super, parce du coup, on va pouvoir économiser l'achat de chaussettes.

Enfin, le supermarché est en vue.

— Je vous attends dehors, propose Naïm. Avec mes sacs à pied, appellation contrôlée brevetée par Clémence, les gens me regardent de travers, ce n'est pas la peine d'attirer l'attention. Prenez ce qui vous tente. Ah au fait, je ne mange pas de porc. Donc si vous pouviez éviter le jambon... Laisse-moi le sac, Vincent, pas la peine de transporter les duvets à l'intérieur.

Un supermarché est une véritable caverne d'Ali Baba pour des êtres affamés et épuisés. Chaque étal suscite leur envie, chaque parfum provoque un gargouillement de ventre. Mais les deux misérables billets dont ils disposent les obligent à se montrer raisonnables. Ainsi qu'ils l'avaient déjà envisagé, ils optent pour trois baguettes de pain, un camembert « Prix doux »... et une paire de chaussons, type charentaises, les seuls à coûter moins de dix euros.

— Pas sûr que ce soit mieux que les sacs à pied, mais il sera plus à l'aise.

Clémence éclate de rire et, au lieu d'avancer, prend Vincent par la main. Elle voudrait lui dire ce qu'elle ressent. Leur épreuve est difficile, mais elle apprécie la manière dont il se comporte, à la fois ferme et à l'écoute des autres, autoritaire et gentil. Comme elle n'ose pas prononcer tous ces mots, elle se contente d'un enroué :

— On réussira, crois-moi.

Vincent lui sourit, pousse un grand soupir en hochant la tête et dit :

— Je ne sais pas si on réussira, mais on aura eu le plaisir de se connaître... Et, ajoute-t-il pour enlever du poids à cette phrase un peu solennelle, à défaut de Paris'com, tu pourras toujours te réinsérer dans la confection vintage ! Je suis sûr que si tu te présentes avec ta magnifique blouse et tes sacs à pied, tu seras acceptée haut la main, sans même passer le concours !

De sa main, il caresse la joue de Clémence qui sourit, puis il l'entraîne vers le rayon des vêtements. Le short le moins cher est à huit euros – inabordable.

Ils se précipitent alors vers les caisses, impatients de dévorer ce qui les tente autant.

À l'endroit où Naïm est censé les attendre, il n'y a personne.

— Oh non, c'est pas vrai ! fait Clémence, affolée, en montrant une voiture de police qui sort du parking.

Alors Naïm se serait fait arrêter, cette fois ?... Anéantis, ils regardent autour d'eux, appellent, guettent son retour plusieurs minutes et finissent par s'asseoir contre un arbuste planté là pour séparer les places de parking.

Merde, merde, merde.

Chapitre 16

À La Cormaillère, Maxime et Léa ont fini par s'inquiéter. La propriétaire des lieux aussi, d'ailleurs, car elle aimerait prendre son repas de midi tranquillement, et n'a pas l'intention d'inviter ces deux jeunes qui se font envahissants.

— Vous voudriez bien rappeler ma mère, s'il vous plaît ? demande Maxime.

— Franchement, je ne vois pas pourquoi vous ne le faites pas tout seul. Le téléphone ne va pas vous manger !

Le manger, certainement pas ; en revanche, il pourrait bien lui coûter sa place à Paris'com – du moins dans le cas où Soumagne aurait des pouvoirs extra-lucides et serait capable de détecter des manquements à ses règles, à quatre cents kilomètres de distance.

Voyant qu'il ne parviendra pas à la convaincre, Maxime prend le téléphone que la dame lui tend et compose le numéro de portable de sa mère – un miracle qu'il s'en souvienne ! Celle-ci le lui a fait apprendre depuis qu'il a six ans ; à l'époque, il le récitait sous les yeux ravis de la famille.

Tandis que les bips de la sonnerie retentissent, Maxime glisse à Léa :

— Je pense qu'elle va bientôt arriver... Ah ça y est, ça répond... Maman ? C'est Maxime, tu vas bien ? On se demandait quand tu allais arri...

Il ne termine pas sa phrase et recule l'appareil à la seconde en entendant les hurlements. Un filet de sueur glacée lui parcourt le dos. Enfin, il parvient à caser une phrase, censée calmer sa mère :

— Je suis désolé que Legrand t'ait fait un sale coup, maman... Cela signifie que tu ne peux pas venir nous chercher ?

De nouveau, le combiné hurle. Impuissant à réduire le volume des cris, Maxime fait signe à Léa qu'il ne comprend pas ce qui se passe.

Ou plutôt si, il saisit parfaitement que sa mère a appris quelques détails déplaisants. Le fait qu'il soit sur la liste d'attente de Paris'com, par exemple. Et qu'Amandine ne veuille plus entendre parler de lui.

Téméraire, il essaie de placer une ou deux phrases dès que sa mère reprend son souffle, mais la tâche est délicate. Il raccroche dix minutes plus tard quand il enregistre que sa mère n'a pas l'intention de revenir.

— Léa, on est dans la merde, dit-il finalement.

Et doublement, en plus : la propriétaire, qui considère que la plaisanterie a assez duré, les chasse en leur réclamant un dédommagement pour le petit déjeuner et les coups de fil.

Délestés du seul billet qu'ils possédaient, ils se retrouvent dehors.

Paris'com

Évidemment, les trois autres n'attendent pas au pied du pigeonnier. Ils ont dû trouver une solution pour partir. Avec un peu de chance, ils sont déjà à Paris, savourant leur soulagement d'en avoir terminé. Tandis qu'eux-mêmes végètent au milieu de nulle part...

Leur hôtesse est passée en quelques minutes du statut de sauveuse à celui d'expulseuse. Refuser d'aider deux jeunes en difficulté, n'est-ce pas honteux ? Cela devrait être réprimé par la loi, et si Maxime était procédurier, il n'hésiterait pas à...

— Arrête, lui dit Léa avec un geste apaisant. Bon, qu'est-ce qu'on fait ? On attend l'arrivée d'une voiture providentielle ou on se met à marcher en direction d'un village avec plus de circulation ?

Léa regrette de ne pas avoir profité des heures de pause pour examiner une carte, prendre des repères et savoir exactement comment sortir de ce mauvais pas. Elle était tellement persuadée que tout allait se terminer rapidement !

Heureusement, un bruit de moteur se fait entendre ; enfin la fin de leurs malheurs ? Maxime, avec de grands gestes, se prépare à arrêter la voiture. Il n'est pas question que le chauffeur les snobe et continue sa route !

Il n'avait pas à s'inquiéter de ce point de vue : le conducteur, un homme d'une quarantaine d'années portant casquette et bleu de travail, s'arrête à leur niveau sans hésiter. Il est au volant d'une camionnette *Duchêne, travaux de rénovation. Tous corps d'état.*

— Qu'est-ce qui se passe ? demande-t-il en détaillant les cheveux blonds puis les jambes nues de Léa.

— Nous devons rentrer sur Paris le plus rapidement possible. Vous auriez une solution pour nous aider ?

— Sur Paris ? Mais je ne peux pas vous y conduire, ce n'est pas la porte à côté ! Vous m'auriez parlé de Châtellerault, j'aurais pu faire un effort. Une si jolie demoiselle...

Léa ne peut retenir un mouvement de recul, mais Maxime se place devant elle.

— Va pour Châtellerault, alors.

— Comme vous voulez, mon atelier est là-bas. Mais je n'y retourne qu'en fin de journée ; d'ici là, je dois aller chez un autre client. Vous pourrez toujours attendre dans la camionnette ou me donner un coup de main.

Ils n'ont pas trop le choix et se glissent à l'arrière du fourgon. Le lieu est encombré de dizaines de tiroirs contenant tout le matériel de l'artisan. De là où ils sont, ils ne voient absolument rien du paysage, sentent juste que le véhicule se remet en route.

— Ne me laisse pas seule avec ce type, il est détestable ! gémit Léa en s'accrochant à

Maxime pour éviter de basculer sur le côté droit.

— On n'a pas le choix ; il va nous transporter jusqu'à Châtellerault, et on prendra le train. On se moque des ordres de Soumagne. Les règles débiles, je ne vois pas pourquoi on devrait les suivre.

— De toute manière, on les a déjà enfreintes, observe la jeune fille. Maintenant, je n'ai plus qu'une seule hâte : que ce calvaire se termine ! Tu crois qu'il y a à manger dans cette camionnette ?

Bringuebalés de droite et de gauche, ils essaient de trouver un paquet de biscuits ou autre chose, mais rien...

Enfin le moteur se coupe et les mouvements s'arrêtent. L'artisan, qui répond sûrement au nom de M. Duchêne, ouvre le hayon arrière, farfouille quelques instants dans un des tiroirs puis lance un bleu de travail à Maxime. Sans un sourire, le ton menaçant, il dit :

— Enfile ça et viens m'aider. Toi, la fille, j'ai aussi besoin de toi, mais je préfère que tu restes dans cette tenue. Allez, on accélère !

Léa regarde autour d'elle. Une maison isolée se dresse en plein milieu de la forêt. La pénible impression d'être revenue à son point de départ l'envahit.

Et même pire...

Chapitre 17

Dans le parking du supermarché, les gens vont et viennent, mais Naïm n'est pas parmi eux.

— Qu'est-ce qu'on fait ? demande Clémence. Tu crois qu'on va au commissariat plaider sa cause ? On utiliserait quels arguments ?

Vincent n'a aucune envie de se jeter dans la gueule du loup. Se présenter volontairement aux policiers, et risquer d'être repérés ? Il n'en est pas question. En tapotant nerveusement le couvercle du camembert, il répond :

— Ça ne servirait à rien d'y aller tout de suite. On rentre à Paris, on récupère nos papiers d'identité, un document officiel prouvant que nous sommes en stage d'intégration. On demande l'aide de Soumagne – je ne vois pas trop ce qu'on peut faire en plus.

Partir d'ici en laissant Naïm ? L'idée répugne à Clémence, mais elle est obligée de se rendre à l'évidence : c'est la seule solution.

Ils s'assoient par terre, l'un contre l'autre, hésitant à entamer le pain et le fromage. Mais à quoi cela servirait-il d'attendre ? Naïm n'est pas là...

— En plus, il a emporté le sac à dos jaune, soupire Vincent. Avec tout ce qu'il y avait dedans. J'aurais dû le garder avec moi, je le savais.

— Oh, ce n'est pas le plus grave. Les duvets ne vont pas nous manquer tant que ça, avec la chaleur qu'il fait.

Le garçon ne semble pas du même avis, mais ne répond rien.

Paris'com

Le repas, qui aurait dû être une fête, se mange dans la tristesse et l'inquiétude.

— Heureusement que nous sommes encore ensemble, glisse Vincent en passant le bras autour de l'épaule de Clémence. Tu sais que, dès que je t'ai vue, j'ai senti que ça pourrait marcher entre nous.

Ces paroles sont réconfortantes dans une situation aussi difficile. Leurs mains se serrent, leurs doigts s'entrecroisent, leurs bouches se trouvent. Les cœurs battent fort, et pour une fois, ce n'est pas l'angoisse qui les gouverne. Le monde autour ne compte plus. Reste seulement l'émotion qui gagne...

... Et Naïm qui déboule, échevelé, devant eux. Ses sacs à pied sont à moitié défaits, mais il n'a pas l'air de s'en inquiéter. Sur son visage se lit une profonde colère.

Vincent et Clémence sursautent, comme pris en faute.

— On croyait que tu avais été embarqué par les flics ! crie Clémence en se relevant soudain. Super, tu as réussi à t'échapper !

— De quels flics tu parles ? J'étais derrière, côté entrepôt. Je voulais voir si je ne pouvais pas récupérer des trucs à manger. Du coup, j'ai aidé un chauffeur-livreur à décharger son camion, et...

— Et tu as trouvé des merveilles à manger ? demande Vincent avec un grand sourire.

— J'ai surtout trouvé ça...

Il jette un téléphone portable sur les genoux du garçon.

— Tu peux m'expliquer ce que ça veut dire ?

Vincent examine l'appareil sans le toucher, silencieux et mortifié, comme s'il s'agissait d'une bombe.

— Tu peux m'expliquer ? répète Naïm.

Clémence a compris que la question ne s'adressait pas à elle. Elle se terre contre l'arbuste censé végétaliser le parking.

— Tu l'as trouvé où ? demande Vincent.

— Tu le sais très bien, dans le sac à dos jaune... Mais à quoi tu joues ? Quel est ton rôle exactement ?

— Moi ? Mais je...

Naïm se fait encore plus menaçant.

— Arrête. N'essaie pas de nous embobiner une nouvelle fois. J'ai deviné le mot de passe ; du coup, j'ai lu les messages que vous vous êtes envoyés.

La gorge de Vincent se serre. Il regarde Clémence qui s'est reculée d'un pas.

— Mais je ne suis pas... Ce n'est pas ce que vous croyez ! Je n'ai pas eu le choix, si vous voulez tout savoir. Soumagne m'a obligé à...

Clémence ne comprend rien. Elle lui coupe la parole pour qu'on lui explique de quoi il s'agit. Naïm la regarde, narquois.

— Ce qui se passe ? C'est tout simple.

Vincent a caché un téléphone portable dans son sac à dos. Et en secret, il entretient une conversation avec Soumagne. Autrement dit, il nous manipule depuis le début.

— Non, ce n'est pas vrai, je ne vous manipule pas, mais... réplique Vincent, des larmes perlant au coin de ses yeux.

— Vérifie ! lance Naïm à Clémence.

Il attrape le téléphone, tape le mot de passe, accède à la page des textos et tend le portable à la jeune fille.

Démarrage de l'opération Intégration. Lis les messages toutes les quatre ou cinq heures, je te donnerai des consignes au fur et à mesure.

OK

Vide le sac jaune (sauf le téléphone) et partage avec les autres.

Vu la liste d'attente. Ici c'est la galère. Vous pouvez me dire où on est ?

Non, tu dois suivre l'opération comme les autres. Pendant la nuit, vole l'argent d'une ou deux personnes.

???? Mais je ne peux pas !

Débrouille-toi. Sinon, tu connais la sanction.

Et je fais comment ?

À toi de voir. Bonne nuit.

Vous ne vous rendez pas compte, c'est impossible. On est crevés, on a faim.

Parfait, donc je considère que tu abandonnes ?

Non, OK, je vais voir comment je peux faire.

Tu vois que ce n'était pas si difficile ! Au fait, pour info, on est vendredi matin, et non pas jeudi comme vous semblez le croire.

Le cerveau de Clémence a besoin de temps pour enregistrer les nouvelles informations. Vincent est donc complice, premier point. De quelle manière et pourquoi, il va falloir le déterminer.

— Qu'est-ce que tu as fait de l'argent volé aux autres ?

— Je l'ai caché sous des feuilles de chêne, explique Vincent. Il était impossible que je le garde sur moi... Hier soir, vous vous souvenez ? Je vous ai dit que j'allais aux toilettes. Quand j'ai vu ce que Soumagne me demandait, j'étais fou de rage... On était tous dans la même galère, et je ne comprenais pas pourquoi il voulait que je pique de l'argent... J'ai attendu que tout le monde dorme et je me suis levé.

Il parle la bouche serrée, des sanglots dans la voix.

— Pourquoi tu ne nous as pas pris notre argent, à nous deux ? s'étonne Naïm. C'aurait été plus facile.

— C'est ce que j'ai pensé faire, au début. Mais Maxime et Léa m'énervaient, avec leurs grands airs. Alors j'ai risqué le tout pour le tout. Ça a marché plus facilement que je ne l'avais craint, d'ailleurs.

Clémence secoue la tête, révoltée par ces déclarations.

— Alors c'est toi ! Tu as piqué leur argent, et tu t'es débrouillé pour nous laisser croire que... Tu es vraiment un enfoiré ! Barre-toi, je ne veux plus te voir ! Je ne comprends pas comment tu as pu nous faire ça. Moi qui croyais que...

Chapitre 18

Dans le laboratoire, le professeur Soumagne suit la conversation avec intérêt. Il aime ces scènes de grand déballage, lorsque les gens sont à bout de nerfs. C'est là que se révèlent les instincts premiers, c'est là que les nœuds les plus importants se forment.

— Vous ne croyez pas qu'il faudrait envoyer quelqu'un pour les secourir ? demande Ryan, l'étudiant à côté de lui. J'ai l'impression qu'ils seraient capables d'agresser Vincent.

— Chut ! le coupe Soumagne. C'est un grand garçon, il sait se défendre. J'attends de voir jusqu'où il soutient notre cause.

— Vous n'allez pas le virer de l'école après tout ce qu'il a fait pour vous, dites ? En première année, c'était un élément moteur !

— Quand on a fait une bêtise, on l'assume, gronde Soumagne. Il a accepté la sanction que je lui ai fixée, j'irai jusqu'au bout.

Vaincu, Ryan se tait maintenant.

Sur les images diffusées par une des caméras, on voit Clémence et Naïm côte à côte. Vincent essaie de se justifier mais ne recueille que des haussements d'épaules. Ils sont debout, en plein milieu d'une travée de parking. Bientôt, Naïm prend Clémence par la manche.

—Viens, j'ai négocié avec le chauffeur-livreur qu'il nous emmène à Rungis. Il m'a dit qu'il partait dans dix minutes, je pense qu'il ne va pas tarder... Il a accepté de nous emmener tous les deux.

Un rugissement retentit suivi de la voix de Vincent :

— Et moi, vous n'allez pas me laisser en plan ici, tout de même ! Je vous ai dit que j'étais désolé. Je ne vous ai pas trahis...

Clémence, entraînée par Naïm, se retourne. Son visage est en larmes.

— Tu vois, durant quelques heures, j'ai vraiment cru en toi. J'étais sincère, moi, et je ne pensais pas que tu...

Sa voix s'étrangle. Tandis que tous deux s'éloignent, on entend les bruits des sandalettes de Clémence. Naïm est toujours chaussé de ses sacs à pied ; les nouveaux chaussons, contre l'arbuste, gisent avec les restes de baguettes.

Vincent s'assoit, le visage secoué de larmes.

Paris'com

Dans le laboratoire, le silence est total. Ryan fixe son professeur et cherche à analyser sa réaction ; mais celui-ci n'exprime aucun mouvement de regret. Pour les besoins de la science, quelques sacrifices sont à exiger. On ne va pas s'arrêter à un petit débordement d'émotions, même lorsqu'on en est la cause...

— Excusez-moi, je sors, murmure Ryan, plein de hargne. Il faut que j'aille prendre l'air.

Pour se calmer, il donne des coups de pied contre le mur du couloir. Vincent est son ami ; ils étaient ensemble en première année, et solidaires quand l'incident a eu lieu. Le fameux incident qui a coûté un blâme à Vincent, et occasionné la fureur de Soumagne.

Pour assurer son passage en deuxième année, Vincent devait donc accomplir une épreuve concoctée par Soumagne.

Foutue épreuve, foutue opération Intégration.

Comment pourrait-il aider son ami ? Est-ce qu'il ne pourrait pas aller le chercher en voiture ? Mais comment le prévenir de son arrivée ?

Non, la seule solution est d'attendre et de regarder l'enchaînement des événements.

En tout, trois caméras miniaturisées sont cachées. L'une se trouve fixée sur les lunettes de Vincent ; Soumagne avait hésité à le mettre au courant, et finalement a décidé de n'en rien faire. Une deuxième est fixée sur le sac à dos jaune ; c'est celle qui donne les images les moins efficaces, car elles sont souvent très mal placées : on voit surtout du ciel, du sol et des arbres. La troisième caméra, enfin, est accrochée à une barrette, dans les cheveux de Léa. Si celle-ci se recoiffait, elle la trouverait sûrement, mais Soumagne a pris le risque.

Depuis le début de l'opération, ils suivent ce qui se passe via trois écrans. Tant que les sujets de l'expérience étaient ensemble, c'était simple. Depuis qu'ils sont séparés, ils ont du mal à se concentrer sur les deux scènes en même temps. Ils regardent donc certaines images en différé.

Mais si Ryan avait su comment les choses se dérouleraient, il aurait refusé de participer à une telle expérience. On ne doit pas traiter les sujets comme du bétail, on se doit de respecter leur intégrité et leur bien-être.

Du moins, c'est son point de vue.

Chapitre 19

Le camion vidé de ses fruits et légumes s'ébranle, emportant Naïm et Clémence. Ils sont installés dans la cabine, à l'avant, et aperçoivent Vincent qui les suit du regard, les chaussons et les restes de baguette en main.

— On ne peut pas le laisser tout seul, gémit la jeune fille. Monsieur, arrêtez-vous, s'il vous plaît !

Le chauffeur freine brutalement et dévisage les deux étudiants.

— Attendez, quel est le problème ? Vous vous êtes disputés avec un de vos copains, c'est ça ?

— Exactement, grince Naïm.

— Si vous voulez, on le met derrière, avec les cagettes vides. Normalement, je n'ai pas le droit de prendre des passagers, mais bon...

— Excellente idée, monsieur ! Merci !

Elle saute du camion et fait un signe pour qu'il s'approche.

— Ne te réjouis pas trop, tu vas faire le trajet tout seul, en compagnie des cagettes et dans l'odeur des fruits pourris.

Sans un mot supplémentaire, elle récupère le pain et les chaussons de Naïm et grimpe dans la cabine à l'avant du camion.

Deux minutes plus tard, Vincent est enfermé au fond, et Naïm enfile de délicieuses charentaises confortables mais un peu chaudes pour la saison.

— Et si vous me racontiez vos aventures ? propose le chauffeur, curieux. Je suppose que vous avez des merveilles en stock.

Mais ils sont encore trop perturbés par la trahison de Vincent pour expliquer leur périple avec détachement. Clémence bafouille deux ou trois phrases, puis retombe dans ses réflexions.

Ainsi, Vincent était déjà en première année à Paris'com. Habituellement, le passage en deuxième année est une formalité, mais il aurait commis un acte remettant le sien en cause. Lequel ? Mystère. Et quelle est exactement l'étendue de sa punition, jusqu'où est-il complice ? Là encore, mystère.

Tout ce que Clémence sait, c'est qu'il a trahi. Il leur a laissé croire qu'il était dans la même situation qu'eux, qu'il espérait son admission, qu'il ne connaissait pas Soumagne, qu'il n'avait pas volé l'argent de Maxime et Léa. Pire : il a laissé entendre qu'il l'appréciait. Et elle, cette idiote, elle l'a cru ! Alors qu'il moisisse avec les restes d'abricots et de pêches pourries. Qu'il se lamente et implore leur pitié !

Elle ne lui pardonnera pas.

Paris'com

Assis sur trois cagettes un peu défoncées, Vincent se laisse aller. Il pleure sans discontinuer. Personne ne le voit, tant mieux, tant pis.

Il n'avait pas le choix, c'est ce qu'il se répète depuis le début de cette aventure ; il n'avait pas le choix pourtant il n'aurait pas dû accepter le marché que Soumagne lui a mis en main. Il sentait que les choses se termineraient mal.

Il ne pouvait pas deviner qu'il serait attiré par Clémence.

Il ne pouvait pas deviner qu'il devrait voler ses camarades.

Il ne pouvait pas deviner qu'il faudrait leur mentir en permanence, et perdre leur confiance.

Il ne pouvait pas deviner que cette épreuve serait si difficile.

Il s'en veut... mais il ne voit pas comment réparer ses erreurs.

Prouver à Clémence que son attirance n'était pas feinte.

S'excuser auprès de Maxime, Léa, Clémence et Naïm.

Reprendre son souffle et retrouver son équilibre.

Chapitre 20

Maxime n'aurait jamais pensé que poser du carrelage était aussi fatigant. Les carreaux sont incroyablement lourds, et il faut aller les chercher à la cave, les entreposer dans la grande salle et les apporter à M. Duchêne. Il doit aussi les tailler avec la carrelette dont il ne maîtrise pas bien l'usage. Et surtout, de même que Léa, il est chargé de l'encollage. Tous deux à quatre pattes, ils badigeonnent le sol et tracent des rainures.

Debout, M. Duchêne se contente de donner des ordres et de jeter des coups d'œil concupiscents à Léa, en profitant particulièrement de ses jambes nues et de sa tenue trop courte. Le tee-shirt maculé de mortier-colle, la jeune fille ahane et pousse des soupirs incessants.

Si elle ou Maxime s'arrêtent, la menace tombe aussitôt :

— Allons, encore un petit effort, sinon adieu Châtellerault. Vous irez avec vos mignonnes petites jambes !

Enfin, il annonce qu'il est l'heure de rentrer, tripote les fesses de Léa avec ses gros doigts sales, rembarque son matériel et fait monter les deux jeunes dans sa camionnette.

— Désolé, je n'ai qu'une seule place près de moi... Si vous voulez bien vous donner la peine, mademoiselle !

Heureusement, Maxime insiste pour occuper le siège passager, ce dont Léa lui est très reconnaissante.

Heureusement bis, le premier arrêt est une brasserie où M. Duchêne, grand seigneur, leur propose de se désaltérer à ses frais.

— Je vous dois bien ça. Vous prenez quoi, un calva, un verre de rouge ?

— Hem, plutôt un gros sandwich, répond Léa. Avec des tonnes de beurre, de fromage et de jambon.

L'artisan insiste pour qu'ils boivent quand même – en plus. Rassurée par la présence d'autres clients, Léa se laisse aller, et avale une bière délicieusement fraîche. Elle se dit que, dans un lieu public, M. Duchêne est forcé de se comporter correctement. D'ailleurs, elle ne supporterait pas le moindre geste déplacé. Elle est en train de vivre une des pires journées de sa vie. Ses genoux sont en sang, son moral en berne, son courage éteint.

Rapidement, Duchêne se désintéresse de ses deux passagers et se lance dans une partie de belote avec trois autres artisans. Épuisés, Maxime et Léa finissent par s'endormir, sous les quolibets des clients.

Lorsqu'ils repartent, le ciel s'assombrit déjà. Léa réintègre l'arrière de la camionnette, et au bout d'une demi-heure de cahotages environ, ils sont déposés devant la gare de Châtellerault. Maxime, qui craignait le pire de la part de ce lascar, est favorablement surpris : ils ont enfin atteint la destination dont ils rêvent depuis midi.

Mais ils déchantent vite : le dernier train direct pour Paris est déjà parti.

Le suivant est programmé le lendemain matin à 6 h 41. Ils doivent passer la nuit dans la gare.

Chapitre 21

Le chauffeur doit ramener son camion dans un entrepôt, récupérer sa voiture et filer embrasser ses enfants avant qu'ils soient couchés.

— Je suis garé là-bas, si vous voulez, je peux vous déposer à la gare, propose-t-il à Naïm et Clémence.

Étant donné qu'ils n'ont pas le droit de prendre le train (les règles sont les règles), ils préfèrent être déposés à une station-service. Avec un peu de chance, ils trouveront une bonne âme pour les conduire à Paris.

— Est-ce que tu penses que Soumagne sera là quand on arrivera ? demande Clémence à voix haute. Si ça se trouve, on y sera en pleine nuit. Il ne couche sûrement pas à Paris'com, quand même... Et comment va-t-on s'y prendre pour retrouver Maxime et Léa ?

Naïm pose sa main sur l'épaule de la jeune fille d'un geste réconfortant.

— On trouvera une solution. Le pire est derrière nous, j'en suis sûr. Tu sais ce que j'appréhende le plus ? Revoir la tête de Vincent qui végète dans le fond du camion.

Clémence hoche la tête. Pourtant, elle n'a pas le choix, si elle veut conserver une chance, même petite, d'intégrer l'école, elle doit retrouver Maxime et Léa, et continuer à faire équipe avec Vincent.

Il est presque 7 heures du soir quand le chauffeur les laisse devant une station-service proche de Rungis. Des vêtements de Vincent émane une odeur de fruit pourri – détestable. Il marche comme un canard tant les positions dans lesquelles il se trouvait étaient inconfortables.

— Le trajet s'est bien passé ? demande-t-il en se massant le dos.

Personne ne répond.

— Vous n'avez pas faim ?

Cette fois, Naïm se retourne vers lui :

— Que les choses soient claires entre nous.

Nous avons consenti à ce que tu montes dans le camion parce que nous n'avions pas le choix. Mais ne compte pas sur nous pour te parler. Dès que nous serons arrivés à destination, tu n'existeras plus pour nous. C'est clair ?

Vincent, d'un regard, vérifie que Clémence est d'accord avec ce qui vient d'être dit. Le visage de la jeune fille est figé dans une impassibilité de mauvais augure. Vincent hoche la tête en essayant de chasser le drôle de goût qui lui remonte dans la gorge.

Cela dit, oui ils ont faim.

Il est vrai pourtant que l'en-cas qu'ils ont mangé devant le supermarché leur paraît loin, et comme il reste sept euros, ils traînent dans la boutique afin d'acheter quelque chose de consistant. Tout est cher. Et le regard des passants est ironique ou moqueur : les deux garçons sont en caleçon, avec des tee-shirts très sales ; l'un d'eux a même des chaussons encore équipés de l'étiquette avec le prix !

— On pourrait prendre deux paquets de biscuits, propose Clémence. Ça nous en fera les deux tiers d'un par personne.

— Pourquoi les diviser en trois ? Nous avons mission d'arriver ensemble à Paris'com, mais jamais il n'a été question que tout le monde soit logé à la même enseigne. Je suis d'avis de ne rien donner aux traîtres.

Laisser Vincent mourir de faim ? Clémence est dubitative.

— Après tout, argumente encore Naïm, c'est à cause de lui que vingt euros sont en train de pourrir sous un chêne...

Derrière eux, Vincent bouillonne mais ne dit rien. Clémence détourne le regard, refusant de prendre une décision. Ses yeux vont des paquets de biscuits aux sachets de chips, des bouteilles de soda aux figurines régionales. L'entrée à Paris'com revient cher, très cher.

— Bon, on achète quoi ? demande-t-elle, le ton las.

Tandis qu'ils tergiversent sur le choix du repas, Vincent écoute les conversations alentour. Un couple essaie d'évaluer l'heure de son arrivée chez eux. Comme ils parlent du périphérique bouché, ils habitent certainement dans la capitale.

— Excusez-moi, les interrompt-il. Pensez-vous que vous pourriez nous déposer à Paris ? On nous a fait une mauvaise blague, à mes deux amis et moi, et nous nous retrouvons dans cette tenue, sans argent et sans moyen de locomotion.

D'abord méfiante, la dame examine Vincent, et visualise le tee-shirt Paris'com.

— Tiens, vous êtes étudiant là-bas ? Je suis de la promotion 2001. Un beau souvenir et une expérience enrichissante, vraiment. Vous êtes spécialisé dans quel domaine ?

— La dynamique de groupe, avec M. Soumagne, répond Vincent, pince-sans-rire.

— Soumagne, mais oui je m'en souviens. À mon époque, c'était un jeune prof aux idées farfelues. Un jour, je me rappelle qu'il nous avait demandé de mener des expériences en allant dans une gare et en jouant un rôle. J'avais choisi celui de la fille très limitée intellectuellement. Ensuite, nous avions analysé les réactions des gens pour comprendre de quelle manière le locuteur s'adapte à l'allocutaire. Vous voyez, je me souviens encore des termes techniques... Et alors, ses idées sont toujours aussi folles ?

— On peut le dire, oui, murmure Vincent.

— Oh, mais j'aperçois vos deux camarades. Oh, vous êtes aussi dans un jeu de rôles, vous avez décidé de mimer les décalés de la société ? En slip, en blouse paysanne et en chaussons ?

— C'est-à-dire que...

— Bon, venez avec nous, on vous embarque jusqu'à Paris. Tu es d'accord, Stéphane ? Nous déposerons ces jeunes gens devant Paris'com. Durant le trajet, vous nous expliquerez les détails de l'expérience que vous menez, ça m'intéresse de savoir.

Cinq minutes plus tard, ils sont donc installés à l'arrière d'une confortable berline, à déguster des chips parfum barbecue. Avec le soulagement de ceux qui sont à l'abri, ils regardent la pluie s'abattre sur les vitres de la voiture. Bavarde et curieuse, leur hôtesse ne cesse de poser des questions.

Clémence offre la moitié de son paquet à Vincent, prétendant qu'elle n'a plus faim.

— Tu es sûre, je peux terminer ? demande-t-il.

Elle hausse les épaules, réprimant une remarque cinglante. Qu'il n'attende pas en plus des grands discours et des sourires. D'accord il leur a trouvé un moyen de gagner Paris, mais il reste un traître, et elle continuera à lui en vouloir.

Chapitre 22

Heureusement, la soirée est douce à Châtellerault. Maxime et Léa décident de s'éloigner un peu de la gare et débouchent sur une immense place bordée de platanes. Ils échouent sur un banc, pas le choix.

— C'est bien la première fois que je dors dans un duvet en pleine ville, constate Léa. Et pour tout t'avouer, je suis morte de trouille.

— L'avantage, c'est que personne ne peut rien nous voler : nous n'avons aucun objet de valeur sur nous. Pas de montre, pas de téléphone, pas d'argent.

— Ça ne nous évitera pas de nous faire agresser... Tu me protégeras en cas de problème, hein ? Je peux compter sur toi ?

— Mmh.

Poussant un gros soupir, la jeune fille essaie de nettoyer son tee-shirt couvert de colle à carrelage. Abandonnant cette opération quasi impossible, elle déroule son duvet, se faufile à l'intérieur, ferme les yeux et essaie de s'endormir. Ses genoux la brûlent, la faim la tenaille. Alors qu'elle pensait avoir affronté le pire avec une nuit en forêt, elle découvre qu'une nuit en ville est encore plus effrayante. Le bruit des voitures, le passage des gens, les éclairages publics, la honte. Ainsi, malgré la fatigue, elle ne parvient pas à trouver le sommeil. Et elle enrage de s'être alliée à Maxime, car les autres avaient la tête sur les épaules, il est probable qu'ils soient déjà rentrés à Paris.

— Je vais me balader, annonce soudain Maxime. Il faut que je change d'air, je n'en peux plus de rester à la même place.

Sans attendre, il s'éloigne d'un bon pas vers les rues piétonnes. Léa est offusquée par un tel manque de courtoisie : elle avait signalé sa peur, pourtant il part sans lui proposer de l'accompagner. Où va-t-il ? Et pourquoi emporte-t-il son sac ?

Ce stage d'intégration est catastrophique de bout en bout.

Tout d'un coup, l'évidence la frappe de plein

fouet : c'est Maxime qui a volé l'argent ! Mais oui, ça ne peut être que lui ! Il dormait juste à côté d'elle, et n'a eu à faire qu'un seul mouvement pour récupérer le billet.

Et maintenant, il est parti écumer les bars et calmer sa faim.

L'horrible, l'odieux personnage. Encore une fois, elle aurait mieux fait de placer sa confiance dans les autres. Vincent avait l'air solide, et Naïm aussi. Ils avaient sûrement connu des épreuves plus difficiles, et savaient comment réagir. Bien sûr, ils ne sont pas du même monde qu'elle, mais qu'importe ? Quand on poursuit un objectif commun, les origines ne comptent pas.

Elle s'est laissé envahir par ses préjugés, encore une fois.

Si seulement cette expérience lui servait de leçon : ne pas juger les autres sur leur apparence ou sur leur origine, ne pas miser tout sur une personne qu'elle ne connaît pas suffisamment. Par le passé, plusieurs fois, elle a déjà eu ce défaut. Par exemple, elle a choisi sa prépa parce que les profs, qu'elle avait rencontrés lors de la journée portes ouvertes, lui plaisaient. Résultat, elle s'est trouvée en plein décalage de niveau avec les autres.

Les pensées de Maxime ne sont pas plus positives. Il erre dans les rues, jetant un coup d'œil aux volets baissés, aux devantures de magasins sans charme.

On ne pouvait pas imaginer pire rentrée. Sa mère a découvert, Dieu sait comment, que son entrée à Paris'com n'était pas acquise. D'ailleurs, il devrait se mettre dans la tête que ses dernières chances se sont envolées. Depuis le début du stage, il s'est cru le plus fort, le plus malin, mais n'a réussi qu'à braquer sa mère contre lui. Sa relation avec Amandine est au bord de la catastrophe.

L'année à venir risque fort d'être éprouvante. Refaire dix mois de classe préparatoire, se mettre enfin au travail, oublier Amandine, promettre de ne pas mentir à ses parents...

La vie ne pourrait pas être plus simple ?

Une heure plus tard, quand il revient au banc, Maxime sourit en voyant Léa, les mains crispées sur son sac à dos, endormie. Ses cheveux forment une couronne dorée autour de la tête. Elle est belle et apparemment, serait prête à aller plus loin avec lui.

Alors si tout espoir est mort avec Amandine, pourquoi ne pas tenter le coup avec cette fille ?

Délicatement, il se glisse dans l'espace qu'elle a laissé libre sur le banc. On verra demain matin pour les manœuvres d'approche. Et il essaie de trouver le sommeil.

Il y serait certainement parvenu si un bruit de voix avinées, non loin de là, ne l'avait pas obligé à lever les yeux. Ils sont trois et se dirigent vers eux d'une démarche zigzagante. Maxime secoue Léa pour la réveiller et se tient prêt à affronter les ennuis qui s'annoncent.

Chapitre 23

L'immeuble de Paris'com est éteint à cette de la nuit, mais peu importe. Remerciant le couple qui les a conduits jusque-là, le trio débarque sur le parvis de l'école, les jambes flageolantes.

Ils ont atteint le but prévu.

Même s'ils ne sont pas présents tous les cinq, même s'ils ne sont pas sûrs d'avoir rempli leur part du contrat, ils se trouvent enfin devant l'école.

Et la vision de cet immeuble de verre et d'acier est un réconfort insoupçonné.

Sauf que les portes sont fermées. Aucun gardien n'est en vue, et bien que Soumagne soit un fou de travail, il n'est certainement pas dans son laboratoire un vendredi soir à minuit passé. Il va donc falloir trouver un abri pour la nuit.

— Le mieux serait d'entrer par la porte de derrière, dit Vincent en emmenant ses deux camarades vers le parc. Soumagne passe toujours par-là, car ça lui évite de traverser le bâtiment principal. Avec un peu de chance, elle sera ouverte. On dormira dans un couloir, ce sera toujours mieux que dans la rue.

Il passe par-dessus la grille et les incite à le suivre. « Mais comment est-il au courant de tout ça ? » se demande Naïm avant de se rappeler qu'il a déjà intégré l'école et déjà suivi une première année, le traître.

Les voilà au milieu d'un parc verdoyant, mais dans lequel aucun lampadaire n'est allumé. Heureusement, la lune est assez lumineuse pour les guider vers l'aile en retrait du bâtiment principal.

Il a plu quelques minutes ou quelques heures auparavant, car le sol est trempé et les chaussons de Naïm se couvrent de boue. À tâtons, ils avancent, la respiration saccadée.

À ce moment, une légère vibration retentit, et l'écran du portable de Vincent s'allume brièvement. Un message vient d'arriver.

Donc Soumagne est réveillé.

Par conséquent il sait qu'ils sont dans le parc de Paris'com.

Et il leur donne un nouvel ordre.

Des yeux, Vincent pose une question muette à ses camarades : on regarde ou pas ? Un haussement d'épaules sert de réponse aux deux autres. Au point où ils en sont...

Souvenez-vous que vous gagnerez davantage de points si vous reconstituez le groupe...

Un ricanement nerveux les prend, qui se transforme en éclat de rire généralisé.

— Comme si on ne le savait pas ! dit Vincent.

— Il ne nous lâche pas d'une semelle, soupire Clémence.

Un micro doit être placé sur eux, ce n'est pas possible autrement. Il faudrait se taire en permanence et parler par signes, ou écrire ce qu'ils ont à se dire. Mais ils n'ont même pas de papier et de crayon.

— Vous croyez qu'il faut lui répondre ? s'inquiète Vincent. Je suppose que ce message signifie qu'il ne veut pas nous voir tant que nous n'avons pas retrouvé les autres. Mais comme nous ne savons pas où ils habitent...

— On pourrait peut-être demander leurs coordonnées, suggère Naïm.

— On peut toujours essayer, répond Vincent en jouant des pouces.

Un petit indice sur l'adresse de Maxime et Léa, peut-être ?

Se dandinant sur place, ils attendent le SMS de Soumagne, le téléphone dans le creux de la main de Vincent. Elle se signale quelques secondes plus tard par une nouvelle vibration et un court éclair dans la nuit.

«L'espoir luit comme un brin de paille dans l'étable.»

— Qu'est-ce que ça veut dire ? demande Vincent en relisant pour la troisième fois le mystérieux message.

— Je crois que c'est un poème de Paul Éluard, répond Clémence. Autant dire qu'on peut toujours rêver, on n'aura aucune indication !

Naïm soupire, et pose ses doigts sur sa tempe comme s'il ne restait plus qu'à se tuer.

— On n'y arrivera jamais ! dit Clémence, les larmes aux yeux. On ne sait rien sur eux. Ou si peu. Ils étaient en prépa dans un lycée prestigieux, ils habitent Paris. Voilà, je crois que c'est tout. Ah si, la mère de Maxime est architecte, il me semble. Mais on ne va pas faire le tour de tous les architectes parisiens pour leur demander s'ils n'ont pas un fils prénommé Maxime, tout de même !

Le découragement les gagne aussi vite que l'enthousiasme les avait pris en apercevant l'immeuble de Paris'com.

— Bon, décide Vincent, il vaut mieux qu'on essaie de dormir, la fatigue n'engendrera rien de bon... Si la porte de derrière est ouverte, on sera sûrs d'être au sec, ce sera plus agréable.

Le pas lourd, ils marchent jusque-là. La porte est close. En silence, ils s'assoient sur le seuil et sortent leurs duvets, avant de s'écrouler, épuisés.

Un coup de pied dans les mollets les réveille brutalement, quelques minutes ou quelques heures plus tard.

Chapitre 24

Maxime, parfaitement réveillé, surveille les trois jeunes qui s'approchent. La main de Léa se serre contre son poignet.

— Ne t'inquiète pas, murmure-t-il dans un souffle.

Mais plus les inconnus sont près d'eux, plus la tension grandit. Lorsqu'il aperçoit la lame d'un couteau qui brille dans la nuit, éclairée par un lampadaire, il se lève brusquement et hurle à Léa :

— Cours !

Maxime attrape un sac à dos et s'enfuit en traînant Léa par la main. Celle-ci trébuche, empêtrée dans son sac de couchage dont elle n'a pas eu le temps de s'extraire complètement. Elle ramasse ses chaussures en vitesse, abandonne le duvet et se met à courir, pieds nus, sandales en main.

Un regard en arrière permet à Maxime de s'apercevoir que les jeunes ne les poursuivent pas. Ils ont ouvert le deuxième sac à dos, se sont attribué le sac de couchage et assis sur le banc, tout à leur découverte.

Il ralentit sa course. Hors d'haleine, Léa s'arrête alors en gémissant.

— Non mais tu ne vas pas bien ? Ils n'allaient pas nous agresser, qu'est-ce qui t'a fait croire ça ?

— Leur couteau. Tu aurais sans doute préféré qu'ils te violent ? Je n'aurais pas pu les en empêcher.

La mauvaise humeur de Léa ne semble pas vouloir s'en aller.

— En attendant, nous venons de perdre un duvet et un sac à dos. J'ai un mal de crâne insupportable, à cause de toi. Et on dirait que mes genoux ont doublé de volume. Il est quelle heure ?

Maxime hausse les épaules en signe d'ignorance. La dernière fois qu'il a regardé une horloge, elle indiquait 2 heures du matin.

— On va finir la nuit à la gare, propose Léa. Au moins, on sera sûrs de ne pas rater le train.

Elle enfile ses nu-pieds, frissonne dans l'air frais de la nuit, et se met en route.

— Excuse-moi, s'écrie Maxime, la gare est en sens inverse.

Un regard furibard tient lieu de réponse, mais elle fait demi-tour... avant de s'écrouler dans les bras du garçon, en murmurant qu'elle ne sait plus où elle en est, qu'elle est désolée mais c'est trop dur tout ça... Maxime, qui ne s'attendait pas à de tels épanchements, lui caresse les cheveux, maladroit.

— Ne t'inquiète pas, nous allons prendre le train et on va rentrer à Paris...

La dernière aventure leur ayant servi de leçon, ils décident de dormir en alternance. Tandis que Maxime s'écroule sur une chaise de la gare, Léa garde les yeux ouverts, à l'affût de ce qui pourrait ressembler à un danger.

Heureusement, l'heure du train arrive sans encombre.

— À part que nous n'avons pas de billet, observe Léa, qui n'aime pas frauder.

— Oh, pour ça, ce n'est pas un vrai problème, rétorque Maxime. Nous dirons que nous nous sommes fait voler notre sac, ce qui est d'ailleurs la vérité. Je suis sûr que le contrôleur aura pitié.

Mais, à bord, celui-ci se montre intraitable. Face à des gens qui refusent de présenter leurs papiers, le règlement veut qu'on appelle la police.

— Mais puisqu'on vous dit qu'on s'est tout fait voler ! s'exclame Maxime. Vous voyez bien notre tenue. On n'a pas pu se changer, on n'a plus d'argent, on est affamés, et en plus vous nous mettez les flics dans les pattes !

— Je n'y peux rien, s'obstine l'agent de la SNCF. Le règlement, c'est le règlement.

Léa détaille ce qui leur est arrivé. Elle raconte, les larmes aux yeux, le stupide stage d'intégration, les trois autres camarades qui les ont lâchement abandonnés, la tentative de viol d'une bande de jeunes avinés, le...

— Bel effort d'imagination, observe le contrôleur, placide et inflexible. Je ne sais pas si vous serez admise à Paris'com, mais je pense qu'il n'y aurait pas de souci pour devenir romancière.

La moitié du wagon s'en mêle, certains prenant parti pour ces deux pauvres jeunes, auxquels il est manifestement arrivé malheur, d'autres pour le contrôleur, parce qu'on ne peut pas tout laisser aller à vau-l'eau.

Durant la fin du trajet, un vigile en uniforme

se tient devant eux, pour vérifier qu'ils ne s'enfuient pas.

— Comme si on allait sauter par la fenêtre ! s'irrite Maxime.

Il ne leur reste plus qu'à espérer le retard de la police ou, pourquoi pas, un attentat à la bombe. Hélas, lorsque le train ralentit, devant leur wagon deux policiers et un chien attendent la descente des énergumènes. À leur côté, un M. Soumagne fraîchement rasé caresse le molosse.

— Mais qu'est-ce qu'il fait là ? demande Léa, livide.

Tout simplement il propose au contrôleur de régler l'amende infligée à « ses enfants ». Sans s'étonner de l'incongruité de la situation, il rédige un chèque correspondant au paiement des billets, ainsi que de la pénalité. Satisfaits de la manière dont l'affaire s'est réglée, contrôleur et policiers repartent rapidement.

— Je... euh... Merci, murmure Maxime. On ne savait pas trop comment...

Le sourire de Soumagne s'élargit. Il prend « ses enfants » par l'épaule et leur explique :

— Pas de soucis. Je suis responsable de vous durant ce stage, je me dois de veiller à ce qu'il n'y ait pas de dérive importante.

Les deux jeunes se dandinent sur place, interrogatifs. Léa demande finalement, anxieuse :

— Donc ça veut dire qu'on a fini, on peut rentrer ? Comme on est de retour à Paris, vous nous validez les points qui nous manquaient, et le stage est terminé ?

Cette fois, le sourire de Soumagne se contracte. Il tend à Maxime et Léa un sac contenant leurs affaires personnelles, puis toussote avant de répondre :

— C'est-à-dire que... Le stage est terminé, effectivement. Mais vous n'avez pas respecté les consignes que j'avais données, je ne validerai donc pas les quinze points. Adieu, jeunes gens. On se reverra peut-être l'année prochaine, si vous tentez de nouveau le concours d'entrée à Paris'com.

Et, sans un mot supplémentaire, il se retourne et marche vers le bout du quai.

— Eh, mais attendez ! hurle Maxime. Vous ne pouvez pas nous faire ça ! On a pris le train parce qu'on n'avait pas d'autre solution... Vous n'allez pas nous punir à cause de ce petit détail ridicule ! On va vous rembourser l'amende, si vous voulez...

— Et puis d'abord, comment vous saviez qu'on avait pris ce train ? s'insurge Léa. Vous nous avez espionnés, c'est ça ?

Le professeur se retourne, et sourit d'un air las.

— Je vous l'ai dit, vous étiez sous ma responsabilité. Je ne voulais pas qu'il vous arrive quelque chose de grave. D'ailleurs rendez-moi votre barrette, Léa, elle appartient à Paris'com.

Il leur montre alors la minuscule caméra cachée à l'intérieur de la décoration. Puis, avec un petit geste de salut, il s'engouffre dans l'escalier qui conduit au métro.

Chapitre 25

Clémence ouvre les yeux et tente de recouvrer ses esprits ; la nuit est encore noire, mais devant eux, un vigile a sorti sa matraque et leur donne des coups pour les réveiller :

— Pas de SDF ici ! Vous êtes dans un parc privé et vous n'avez rien à faire dans le secteur... Heureusement qu'on m'a prévenu !

Se redressant, Vincent a la présence d'esprit de montrer son tee-shirt Paris'com. Il affirme qu'ils sont élèves dans l'école et qu'ils auraient dû entrer, mais ont trouvé porte close. Naïm et Clémence sortent le buste de leur duvet et exhibent le même logo. Mais le vigile semble sceptique ; les tenues sont maculées de sang et de saleté. Ces rôdeurs ne ressemblent pas aux étudiants bien habillés qu'on voit circuler dès le matin.

— Peu importe, tonne-t-il. Vous sortez immédiatement ou j'appelle les chiens.

— Quelle heure est-il ?

— Cinq heures et demie. Allez, oust, débarrassez le plancher tout de suite.

Ils sont toujours en train de rouler leur duvet quand une pluie drue et froide se met à tomber. En même temps, le portable vibre et l'écran affiche « 1 nouveau message ».

«Ô bruit doux de la pluie par terre et sur les toits»

— C'est encore Soumagne ? Qu'est-ce qu'il dit ? demande Clémence, qui essaie de se fabriquer une capuche avec la blouse que Naïm a ôtée la veille en arrivant au supermarché.

— Il tourne au poète maudit... Vous êtes prêts ? On y va.

Le gardien les mène jusqu'à l'entrée du parc et les laisse devant le parvis. Avec les premières lueurs de l'aube, Paris s'éveille en un ballet de camionnettes, de balayeurs, d'employés pressés et fatigués, irrités par la pluie et la perspective d'une nouvelle journée de travail. En deux secondes, ils dégoulinent.

Clémence n'en peut plus. Tout ça pour échouer, car Maxime et Léa se baladent encore dans la nature...

— Dépêchez-vous ! insiste Vincent.

Clémence et Naïm lui font face, taureaux hésitant à charger sous une pluie battante. Le ressentiment qu'ils avaient à son égard, et qui s'était apaisé, fait un retour en force. Mais contre toute attente, les yeux de la jeune fille se fixent soudain sur un endroit particulier du visage de l'ennemi. Et dans le petit jour qui point, sans prévenir, Clémence lui arrache ses lunettes.

— Oh non ! fait-elle, le teint blafard.

Elle examine la monture. Oui, aucun doute, un minuscule œilleton est collé dessus. Depuis le début, ils sont donc filmés !

Depuis le début, leurs moindres mouvements, remarques, gestes sont enregistrés et analysés par ce forcené de la psychologie cognitive, Soumagne !

Le but de l'opération était donc de faire surgir les peurs, les instincts féroces et les inclinations profondes ! Ils sont tombés dans le panneau, ils ont marché à fond et foncé dans les ornières qu'on creusait devant eux...

Les lectures de Clémence lui reviennent en bloc. L'analyse des obstacles en communication, les moyens de les surmonter.

Leur groupe de cinq a été conçu comme un sujet d'expérimentation : ils étaient de parfaits cobayes, choisis minutieusement.

Clémence se souvient de l'expérience de Milgram, qui montre avec quelle facilité des sujets en torturent d'autres, non pas parce qu'ils leur veulent du mal, mais uniquement parce qu'une institution leur demande de le faire. Le poids de la société est tel que les gens obéissent, du fait d'un contexte spécifique, sans se poser de questions.

Dans le domaine de la psychologie sociale, Milgram est célèbre. Soumagne veut devenir aussi connu, il a donc mis au point une nouvelle forme d'expérimentation.

Ils ont été de parfaits sujets d'analyse ! En séparant le groupe en deux, ils sont allés dans le sens que le prof avait imaginé ; en se débrouillant par eux-mêmes et en enjambant les obstacles les uns après les autres, ils se sont soumis sans le savoir ! Les hurlements parce que certains avaient besoin de quinze points tandis que pour d'autres, trente étaient nécessaires, tout ça était prévu par Soumagne, calculé au millimètre.

Au bord des larmes, Clémence comprend qu'elle n'a été qu'un jouet durant ces deux jours.

Elle l'est encore, d'ailleurs, car Soumagne a toujours les cartes en main. Il a tout pouvoir sur eux pour l'admission à Paris'com.

Et même si elle trouve cela lamentable, quel intérêt aurait-elle à se révolter ? Soumagne la punirait et elle perdrait tout. Car malgré tout, l'envie d'intégrer cette école n'a pas disparu. Paris'com, c'est sa dernière chance.

Alors lentement, très lentement, comme si le geste qu'elle vient de faire n'avait pas eu de sens, elle remet ses lunettes sur le nez de Vincent et lui sourit. Il ne faut pas que Naïm soit au courant, sinon il ficherait tout en l'air, son attitude ne serait pas naturelle.

Bientôt la fin de l'expérience, bientôt la fin des secrets...

Chapitre 26

À l'intérieur du laboratoire de Soumagne, les écrans sont allumés et l'effervescence règne. L'expérience se déroule de manière encore plus intéressante que le professeur ne l'aurait cru.

Maxime et Léa ont terminé. Il est regrettable de ne pas pouvoir suivre la dernière étape, qui aura lieu dans l'appartement du jeune homme, nul doute que les discussions avec la maman seront stimulantes et amusantes (pour qui n'est pas directement concerné, évidemment).

Reste encore l'accueil du trio. Soumagne se réjouit déjà. Chez le duo des Parisiens, comme il les appelle, l'étonnement était teinté d'inquiétude. Il a joué les bons princes en réglant l'amende, mais ne doutait pas en arrivant dans la gare que les deux jeunes appréhendaient ce qui allait suivre.

Cette fois, les choses vont se passer de manière plus sereine...

Une demi-heure après, alors qu'il surveille leur progression grâce aux caméras cachées, Soumagne prépare un bon petit déjeuner reconstituant pour ses invités. Trois sacs, contenant les effets personnels des étudiants, sont installés sur des chaises. Il a récupéré la clef des douches, lavé les vêtements portés à l'origine, et surtout rédigé, à l'attention de ceux qui le mériteront, une lettre de félicitations pour l'intégration à Paris'com. Il tient à les bichonner, ces élèves qui lui apporteront la gloire.

D'ailleurs, il a déjà en tête la moitié de son rapport, intitulé *Expérience Soumagne – la variation émotionnelle liée aux objectifs d'un groupe restreint*. Les scientifiques du monde entier lui enverront des lettres de félicitations, il courra de conférence en conférence pour analyser les résultats de son expérience. Les flashs crépiteront autour de lui. Le Collège de France le suppliera d'accepter la chaire de psychologie sociale. Sa femme reconnaîtra enfin sa valeur, et il s'endormira satisfait.

Mais avant cette consécration méritée, quelques étapes restent à franchir.

Paris'com

Ryan a dormi dans le laboratoire aux côtés du professeur. Il est resté seul aux manettes lorsque Soumagne a couru à la gare pour récupérer ses brebis en détresse. Normalement, il ne devrait pas y avoir de soucis pour rendre une petite visite à Vincent et à ses camarades. Tant pis si le prof est au courant, après tout il ne commet aucun impair...

En murmurant un vague mot d'excuse, il dévale les escaliers et retrouve le trio devant le parvis.

— Venez, dit-il.

Un instant, il hésite sur la conduire à adopter : éloigner lunettes et sac à dos pour éviter d'être repéré ou pas ?

Non, pas la peine. De toute manière, leur entrevue ne restera pas secrète.

Ils s'installent à l'extérieur, face à la cafétéria du grand hall, encore déserte à cette heure matinale, a fortiori un samedi. Vincent, sobrement, signale qu'il connaît Ryan, et le présente comme un copain de promotion.

— Ah oui, raille Naïm, mais toi tu passes en deuxième année sans avoir besoin d'une épreuve d'admission. Pas comme Vincent qui a déconné, mais refuse de nous dire pourquoi.

Ryan hoche la tête. Il ne donnera aucune explication.

— Je sais que vous attendez de retrouver Maxime et Léa. Ce n'est pas la peine, ils ont terminé.

— Tu veux dire qu'ils sont arrivés avant nous, et qu'ils ne nous ont pas attendus ? ricane Naïm. Ça ne m'étonne pas, mais j'espérais quand même que...

— Non. Je veux dire qu'ils n'ont pas respecté les règles et que Soumagne les a exclus. Ils ont pris le train alors qu'ils n'auraient pas dû. Il les a récupérés au bout du quai et leur a expliqué qu'ils avaient échoué.

Un temps de silence suit cette déclaration. Puis, lentement, Clémence tend la main à Naïm en lui disant :

— Alors bravo à toi. Tu es le seul à être sorti victorieux de cette aventure. Pour nous aussi, c'est l'échec. Quinze points au lieu des trente nécessaires.

Ses lèvres tremblent ; on sent qu'elle est à bout de nerfs. Vincent lui prend l'épaule, mais elle se recule, brutale.

— Ne me touche pas, c'est aussi ta faute, tout ça.

Quelques longues minutes passent sans un mot. Finalement, Ryan murmure :

— Le professeur vous attend... Je crois que vous avez intérêt à monter tous ensemble. On ne sait jamais.

Mais Clémence se détourne, les larmes aux yeux. Elle a besoin de temps pour accepter sa défaite.

Paris'com

À 9 h 02, les portes de l'école ouvrent. Un trio d'étudiants épuisés pénètre à l'intérieur, se fait arrêter par le gardien. Ils argumentent et obtiennent le droit de monter en salle 403.

— Vous voulez que je téléphone à M. Soumagne pour vérifier qu'il est là ?

— Pas la peine, répond Clémence, il vient de nous envoyer un texto. On sait qu'il nous regarde !

Trois minutes plus tard, avant même qu'ils frappent à la porte du laboratoire, celle-ci s'ouvre ; le professeur les accueille avec empressement.

— Entrez, entrez, je sais que vous êtes épuisés. Venez vous restaurer et racontez-moi ce que vous avez pensé de cette aventure.

Les écrans avec leurs images sont au centre du laboratoire. Le trio a beau être prévenu, le choc est rude. Sur l'un des téléviseurs, on aperçoit précisément les lieux où ils se trouvent. L'image bouge en fonction de ce que regarde Vincent ; c'est la caméra « Lunettes ».

La deuxième, intitulée « Sac jaune », remue au rythme du dos de Vincent. Tel un enfant découvrant un nouveau jouet, il s'amuse à faire varier le point de vue.

La troisième porte le nom de « Barrette » mais ne transmet aucune image.

— Nous l'avions accrochée dans les cheveux de Léa, explique Soumagne avec un grand sourire. Elle ne sert plus à rien maintenant que leur épreuve est terminée... Je suis désolé de vous le confirmer, mais ils ont échoué, contrairement à vous.

Clémence et Vincent se regardent ; ils savent bien qu'ils ont perdu, eux aussi, même s'ils ont respecté les règles. Le professeur éclate de rire, un drôle de rire un peu faux.

— Que je suis bête, vous connaissez déjà le sort de Maxime et Léa, grâce à l'intervention de Ryan. Ne rougissez pas, mon ami. Vous savez bien que je suis au courant de tout. En revanche, je ne crois pas vous avoir dit ce que vous alliez devenir... Prenez donc quelques viennoiseries, je vais tout vous raconter.

D'un pas alerte, Soumagne se dirige vers la table où une collation était déjà proposée, trois jours plus tôt, au début de l'aventure.

— N'hésitez pas, servez-vous, je sais que vous êtes affamés. J'ai été un peu rude en ne vous donnant que dix euros d'argent de poche. Mais il fallait bien ça pour nouer des relations plus rapides. Unis face à l'adversité... Allons, ne boudez pas mon petit déjeuner, je vous assure que je ne l'ai pas drogué. D'ailleurs, pour vous le prouver, je goûte en premier !

Dès qu'il donne le signe de départ, les trois jeunes gens, accompagnés par Ryan, se ruent sur la nourriture, qui leur paraît divinement bonne. Le professeur remplit des gobelets en plastique, en donne un à chacun, puis trinque en disant :

— À notre réussite ! Car j'ai le plaisir de vous

annoncer que vous faites désormais partie de Paris'com. Bravo à vous !

Le jus d'orange de Clémence tremble dans son verre. Et les vingt-quatre points qui lui manquent ?

— Tss, ne vous occupez pas de ce genre de détails. Tenez, je vous ai préparé vos attestations d'admission. Le reste ne compte pas... Vous les prendrez tout à l'heure, elles sont sur mon bureau.

Clémence, qui veut en avoir le cœur net, s'approche du bureau où s'empilent des dizaines de dossiers. Les trois feuillets d'admission sont là. Dans le bac de réception de l'imprimante se trouve aussi un papier intitulé « Liste d'attente Paris'com ».

Elle y est en première position, avec quatre points manquants seulement. Naïm vient en septième, avec douze points. En bas de la page, elle trouve enfin le nom de Maxime et de Léa ; ils ont besoin de vingt-quatre points chacun.

Mais alors... ?

Qu'est-ce que... ?

Pourquoi... ?

Naïm dévore son troisième croissant, qu'il avale avec un grand sourire. Vincent cherche à croiser le regard de Clémence, mais n'y parvient pas. La jeune fille est trop perturbée par ces nouveautés. En murmurant un vague mot d'excuses, elle s'enfuit aux toilettes et asperge son visage d'eau.

C'est pas vrai, mais c'est pas vrai.

Bien sûr, ils pourraient dénoncer Soumagne pour ses méthodes peu conventionnelles, ou signaler le cas à la police. Mais, à part être exclus de Paris'com, ils ne gagneraient rien...

Vincent a suivi le départ de Clémence et se faufile derrière elle ; c'est peut-être le moment de lui prouver qu'elle est importante pour lui.

Épilogue :
Interview du professeur Soumagne

Entretien réalisé pour le magazine Psycho Socio le 24 octobre après le visionnage du film Le stage, *d'une durée de 30 min après montage.*

N.B. La totalité des rushs (3 × 28 heures) est disponible sur demande.

Psycho Socio : Quels sont les apports essentiels de votre expérience ?

Jean Soumagne : Je voulais montrer de quelle manière les relations évoluent. Dans un premier temps, vous l'avez vu, le groupe se fonde sur un objectif commun. Puis, dès que les étudiants savent (ou croient savoir) de quel nombre de points ils ont besoin pour réussir, l'unité se délite.

Psycho Socio : Vous avez donc volontairement laissé à la disposition des étudiants le feuillet contenant ces détails ?

Jean Soumagne : Bien évidemment. Remarquez qu'ils n'ont jamais remis en cause les valeurs mentionnées, alors que, je l'avoue aujourd'hui, elles étaient erronées. Encore une preuve que, dès qu'ils sont censés émaner d'une institution, les chiffres sont jugés fiables. Et pourtant c'était écrit à la main !

Psycho Socio : Vous voulez dire que vous aviez bidonné les chiffres ?

Jean Soumagne : Ils étaient effectivement fantaisistes. Ce qui m'intéressait, c'était les relations de groupe. Un groupe est autre chose que la somme des parties qui le composent. Il a ses propres règles de fonctionnement, qui dépendent d'un certain nombre d'éléments rationnels (l'objectif poursuivi, la nature de la tâche, les conditions matérielles du travail...) et d'éléments informels, psychologiques, sociaux et affectifs, qui déterminent les comportements des individus les uns par rapport aux autres. Lorsqu'on change les règles établies au cours du jeu, les relations évoluent.

Psycho Socio : Ce qui a changé au cours de l'expérience : le nombre de points à gagner, et la complicité de Vincent.

Jean Soumagne : Exactement. Les interactions entre les membres du groupe ne sont pas simplement la confrontation d'expressions personnelles, reflet d'une pensée intime de l'individu. Ils sont, au moins partiellement, influencés par les normes du groupe, les attitudes, les propos, les réactions des autres.

Dans notre cas, on constate trois éléments essentiels. D'abord, les sujets auxquels on annonce les résultats les plus faibles cherchent à s'allier avec les plus forts, et se placent sous leur autorité, y compris si ceux-ci n'ont pas une attitude de leader. Ensuite, une rivalité s'exerce entre les sujets ayant les meilleurs résultats. Enfin, parmi les trois personnes qui ont besoin de moins de quinze points pour « gagner », deux d'entre eux s'unissent et poursuivent leur propre but, sans s'arrêter au fait qu'ils risquent de faire échouer les deux plus faibles.

Psycho Socio : Obliger des jeunes à mener une expérience aussi dure, cela ne vous a pas dérangé ?

Jean Soumagne : Maxime et Léa, les deux recalés, ont voulu m'intenter un procès. Mais d'un point de vue administratif, ils ne pouvaient rien m'opposer. Ils avaient signé un accord pour le stage, et ils sont majeurs tous les deux…

Psycho Socio : Les résultats obtenus vous ont-ils convaincu ?

Jean Soumagne : L'affectivité à l'intérieur d'un groupe se tisse progressivement, les relations des membres entre eux et le système de relations ainsi établi va induire aussi bien les attitudes des membres à l'égard des uns et des autres que les « perceptions » qu'ils ont les uns des autres. Il y a quelques jours, j'ai interrogé les trois étudiants admis à Paris'com : Naïm, Vincent et Clémence. Ils ont été unanimes : cette expérience, pour difficile qu'elle ait été à vivre, a forgé leur personnalité et a favorisé leur maturité. Ils ont d'ailleurs largement contribué à réaliser le film *Le Stage* et à analyser leur propre comportement a posteriori. Aujourd'hui, ils comptent parmi mes meilleurs étudiants.

Du même auteur, chez Oskar Éditeur

Disparition inquiétante
Être repérée par un producteur américain, quand on a 15 ans et des rêves plein la tête, c'est grisant. Juliette y croit : le contrat que lui a promis Dick Ryan est pour elle le début de la gloire. Gabriel, son frère, est d'un naturel plus méfiant, et lorsqu'un soir il ne la voit pas revenir, il donne l'alerte. Mais Juliette est loin déjà, et s'apprête à jouer le rôle le plus dangereux de sa vie.

Je ne te le pardonnerai jamais
Après le décès accidentel de sa mère et de ses deux frères, Mileann décide de découvrir le passé familial qu'on lui a toujours caché pour faire son travail de deuil…

Panique sur le Titanic
14 avril 1912, 23 h 40 : « Iceberg en vue » hurle la vigie. Le plus grand et plus luxueux paquebot jamais construit alors, le Titanic, n'a pas le temps d'amorcer un demi-tour.

Danger sur l'Île de Pâques
Sabine et Nathan et leur père, scénariste, sont conviés au tournage d'un film sur la légendaire île de Pâques. Mais le milliardaire original qui les a invités a cependant un comportement curieux.

Le mystérieux trésor de Barbe-Noire
Louis raconte à Paul et Jules, ses petits-enfants, son incroyable aventure quand il était jeune marin : en 1717, son bateau a été attaqué par le terrible Barbe-Noire. Enrôlé parmi les troupes, Louis a vécu comme un véritable pirate. Paul et Jules vont-ils suivre les traces de leur grand-père, pour retrouver le trésor caché quelque part...

Pièges sur la neige - Les conquérants du Mont-Blanc 1786. Une récompense est promise à qui atteindrait, le premier, le sommet du Mont-Blanc. Deux équipes rivales s'affrontent.

Avec Sylvie Baussier

Tes sourires, tes secrets

Un matin à l'aube, Manon est réveillée par le téléphone ; Ophélie, sa meilleure amie, est dans un état grave. Que lui est-il arrivé ? Va-t-elle s'en sortir ? Manon se précipite à l'hôpital. Dès qu'elle le peut, elle se réfugiedans l'écriture, et imagine l'avenir de différentes manières... Toujours avec Ophélie à ses côtés.

Condamnée à écrire

Emma, 14 ans, est trop violente. Son refuge sera la prison ! Mais les juges ont parfois de drôles d'idées : Emma est condamnée à une peine d'écriture.

Les couleurs de la liberté

Comme tout le monde à Sheridan, Juliaca est née avec un collien, dont la couleur reflète sa personnalité profonde. Quant à ses émotions immédiates – douleur, colère, plaisir... – impossible de les cacher : elles sont révélées par les teintes changeantes du bord du collien.
Mais n'y aurait-il pas des secrets à Sheridan ? Pourquoi certaines couleurs de colliens n'existent-elles pas ? Juliaca se heurte aux ombres qui rôdent autour de sa famille. Il faudra un long voyage pour découvrir lesquelles. Un long voyage vers la vie, vers la liberté – quelle qu'en soit la couleur.

Face aux lions

La famille Boujotte aime l'aventure et les animaux ! Gabin et Zoé accompagnent leur mère en Tanzanie pour un reportage photo sur les lions. Panne de voiture, animaux de la savane et grosses frayeurs... Vacances mouvementées en vue !

Plongée avec les dauphins

La famille Boujotte aime l'aventure et les animaux ! Gabin et Zoé accompagnent leur mère aux îles Canaries pour un reportage photo sur les dauphins. Tempête, plongée, sauvetage... Les péripéties s'enchaînent !

Loups à l'horizon

Gabin et Zoé parviendront-ils à réaliser un reportage sur les loups ? Ces deux intrépides sont prêts à affronter tous les dangers pour y parvenir. Et quand les bergers organisent une battue pour tuer des loups, Gabin et Zoé décident d'intervenir.

Nez à nez avec les ours

Gabin et Zoé accompagnent leur mère au Québec : un reportage photo sur les ours de l'autre côté de l'Atlantique, c'est l'aventure ! Camping à haut risque, balades en canoë, rencontres inattendues... Les vacances vont être plus mouvementées que prévu.

Tchernobyl, Bienvenue en enfer

Ayant découvert un journal intime russe datant de 25 ans, Natalia, Fanny et Mouss se lancent dans une enquête sur l'accident nucléaire de Tchernobyl... Les pages du journal, traduites et mises en ligne sur leur blog, ne vont pas tarder à susciter de violentes réactions...

Japon, touché au cœur - Fukushima

Fanny écrit son journal intime. Son père, journaliste, est parti couvrir le tremblement de terre qui a secoué le Japon le 11 mars 2011. Le tsunami qui s'en est suivi a gravement endommagé la centrale nucléaire de Fukushima. Fanny, inquiète pour son père, est soutenue par son amie Natalia dont la mère a fui Tchernobyl. Après le désastre, une jeune Franco-Japonaise débarque chez Fanny avec sa mère. Le malaise et la peur envahissent progressivement la maison...

Avec Jeanne Zaka

Naufrage à Vanikoro - L'expédition de Lapérouse

Dans l'océan Pacifique, un jeune garçon, Livomo, assiste au naufrage de l'Astrolabe de Lapérouse, venu s'échouer sur le rivage de l'île de Vanikoro, en 1787.

Amelia Earhart - Le mystère de l'aviatrice disparue

Le 2 juillet 1937, sur une île perdue du Pacifique, la marine et la presse américaines guettent l'atterrissage d'Amelia Earhart, qui voulait prouver que les femmes avaient autant de courage que les hommes.

Avec Hélène Masson-Bouty

Disparitions dans l'atelier de Gauguin

Concarneau, mai 1894. Valentin assiste à une bagarre. Le peintre Paul Gauguin est blessé ! C'est le point de départ d'une rencontre magique. S'appuyant sur des faits historiques, ce roman raconte les aventures d'un trio qui découvre la vie à travers l'art.

Tempête dans l'atelier de Géricault - Le Radeau de la Méduse

XIXe siècle. Géricault s'attelle à sa plus célèbre toile, Le Radeau de la Méduse... Le peintre est prêt à tout pour recréer l'intensité du drame, la souffrance et le désespoir des hommes.

Xavier Armange

La Cité hors du temps

Stage d'observation en entreprise ou trekking en Jordanie ? Pour Sarah et Marin, camarades de troisième, ces quelques jours au Proche-Orient s'annonçaient plutôt bien en tout cas. Le dépaysement total ! Mais, suite au crash de leur hélicoptère, ils se retrouvent seuls en plein désert d'Arabie, voués à une mort certaine. Commence alors pour eux un dangereux périple hors du temps, vers une mystérieuse cité où des dieux oubliés ont toujours leur mot à dire.

Christophe Léon

Engrenages

Quatre amis poussés par l'impulsion d'Aymar, leur chef de bande qui comme Rambo ne pense qu'à faire la guerre, montent un commando de choc. Ils vont commettre l'impensable...

Véronique Foz

Les ailes du papillon

Quand elle était petite, Élodie imaginait qu'elle était un super-héros. Depuis, elle a revu ses ambitions à la baisse et se contente de rêver à son prof de piano, le beau Karim. Mais lorsque celui-ci se fait poignarder devant le lycée, Élodie donnerait n'importe quoi pour avoir les super-pouvoirs qu'elle s'inventait enfant. Et si... ? Si Élodie avait réellement la capacité de détourner le cours du destin ? Il suffit parfois d'un petit rien pour changer le monde.

L'échange

Estelle, 13 ans, est sans amis et mal dans sa peau malgré tout ce qu'elle possède. Elle rêve même de la vie de sa camarade la plus défavorisée. Un jour, son rêve devient réalité.

Bruno Paquelier

Les taches brunes

Ils ont 16 ans, ils sont beaux, une intelligence très largement au-dessus de la moyenne. Ils, ce sont les Meilleurs. C'est ainsi que les appellent leurs professeurs. Ils vivent sur le Nouveau Monde, une île idyllique et inconnue du reste du monde. Ils font l'amour librement tout en suivant une formation originale. Ils vivent là depuis qu'ils sont petits. Ils sont nés sur l'Ancien monde où leurs parents les attendent. Sélectionnés par leurs professeurs sur l'Ancien monde, ils sont en formation depuis leur arrivée sur l'île.

Le Meilleur des dictateurs

L'histoire se passe dans un avenir relativement proche. Les écrans de télévision ont pris une place importante dans la vie quotidienne des gens et une émission suscite l'enthousiasme de la population, Le Meilleur des dictateurs.

Publié par Oskar éditeur
21, avenue de la Motte-Picquet
75007 Paris - France
Tél. : +33 (0)1 47 05 58 92
E–mail : oskar@oskareditions.com
Site Internet : www.oskareditions.com

Auteur : Pascale Perrier
Graphisme : Jean-François Saada
Direction éditoriale : Françoise Hessel
Mise en page : David Lanzmann

ISBN : 979-10-214-0442-7
Dépôt légal : Février 2016
Imprimé en Europe
Loi n° 49–956 du 16 juillet 1949
sur les publications destinées à la jeunesse